영화 속의 보험, 그 잔상과 실상

영화, 보험을 찍다

영화, 보험을 찍다

초판 1쇄 인쇄 2015년 8월 20일
초판 1쇄 발행 2015년 8월 30일

지은이 김재현
펴낸이 전익균

기 획 조양제
마케팅 권태형, 정우진
교 정 허 강
디자인 김 정
행사 및 매니지먼트 새빛에듀넷

펴낸곳 도서출판 새빛
주 소 서울시 송파구 가락로 102
전 화 (02) 2203-1996 **팩스** (02) 417-2622
이메일 svedu@daum.net **홈페이지** www.bookclass.co.kr
등록번호 제215-92-61832호 **등록일자** 2010. 7. 12

값 15,000원
ISBN 978-89-92454-14-8(93320)
* 잘못 만들어진 책은 구입하신 곳에서 바꾸어 드립니다.

이 도서의 국립중앙도서관 출판시도서목록(CIP)은 서지정보유통지원시스템 홈페이지(http://seoji.nl.go.kr)와 국가자료공동목록시스템(http://www.nl.go.kr/kolisnet)에서 이용하실 수 있습니다.(CIP제어번호: CIP2015019463)

영화 속의 보험, 그 잔상과 실상

영화, 보험을 찍다

김재현

이 도서는 한국보험학회 저술사업의 지원을 받았음.

영화, 보험을 찍다

머리말

요즘 세대는 도처에 널린 멀티영화관은 물론이거니와 케이블TV에서 유튜브youtube에 이르기까지 다양한 방법으로 영화를 볼 수 있다. 하지만 내가 어렸을 때에는 영화관은 그야말로 어쩌다 가는 곳일 뿐, TV에서 방영하는 주말의 영화만 볼 수 있을 뿐이었다. 그 무렵에는 토요일과 일요일에는 신문이 발행되지 않았으므로 금요일 신문에 실린 주말 시간 TV프로그램 편성표에서 어떤 영화가 방영되는지 찾아보는 일이 쏠쏠한 재미였다. 나와 비슷한 세대의 경우, 대개 사내아이들이 그렇듯 서부영화나 전쟁영화를 좋아했기 때문에, 멜로영화라도 방영될라치면 실망감을 가득 느낀 채 다음 주를 기약해야만 했다. 하여튼 영화 프로그램의 시작을 알리며 "빠빠밤♪♬~"하며 나오던 오프닝 뮤직은 마치 천상의 음악처럼 들렸다. 베르너 뮐러 오케스트라가 연주한 로드리고의 아랑페즈 협주곡을 들으면 나는 지금도, 흑백TV 앞에 앉아서 한껏 기대에 부푼 채 좋아하는 영화가 나오기만을 기다렸던 추억에 빠지곤 한다.

아마 초등학교 5학년쯤이었을 것이다. 서부영화를 신나게 보고 있었는데, 방송국의 더빙 실수로 여배우의 목소리가 원음으로 나온 적이 있었다. 때는 1970년대 중반이었다. 길에서 외국인을 보면 신기해서 힐긋힐긋 훔쳐보던 내가 백인 여성의 목소리를 들어보았을 리가 없었다. 앵두 같은 입술에서 나온 굵고 허스키한 그 여배우의 목소리는 그야말로 충격이었다. 그 후로 사십 년이 지났는데도, 그 여배우가 수전 헤이워드Susan Hayward였다고 자신할 만큼 그 기억이 또렷하다.

그 뒤로 나는 백인 여성에 대해서 왠지 남자처럼 강인할 것 같은 선입관을 가지게 되었다. 물론 내가 결혼을 한 후에는 우리나라 여성이 훨씬 강하다는 사실을 알게 되었지만 말이다. 이런 경험 때문일까. 나는 대부분의 사람들이 영화나 TV의 장면 때문에 어떤 사물에 대해 선입관을 갖게 될 것이라는 생각을 하게 되었다.

그런데 영화가 평범한 소재를 다룰 리 없다. 예를 들어, 어느 영화감독이 교수의 일생을 다룬 영화를 찍는다고 하자. 그러면 나처럼 지극히 평범한 교수는 일단 열외다. 하지만 그 교수가, 평생을 정신분열증에 시달리면서도 게임이론의 일가一家를 이룬 노벨 경제학상 수상자인 존 내쉬John Nash라면 이야기는 180도 달라진다. 러셀 크로우Russell Crowe가 열연한 〈뷰티플 마인드A Beautiful Mind〉(2001)는 바로 존 내쉬의 전기를 다룬 영화다.

마찬가지로 영화는 보험을 소재로 쓰든 아니면 상황으로 활용하든 색다르거나 뒤틀린 모습으로 등장시킨다. 예를 들어, 김 대리가 벤츠 S500을 긁어 수리비만 2천만 원이 나왔다고 치자. 그런데 보험이 없었으면 큰일 날 뻔했다고 너스레를 떠는 것은 대중의 시선을 사로잡는 영화 소재가 되기 어렵다.

그래서 보험과 관련한 영화에는 엽기적인 보험사기꾼, 철면피 보험모집인, 몰인정한 보험조사관 등이 단골로 등장한다. 하지만 그 때문에 보험과 관련된 거래가 진행되는 장소가 마치 범죄의 온상이거나 비인간적인 사람들이 모여드는 곳으로 오해받을 수도 있는 것이다. 그래서 일반 사람들이 아무렇지도 않은 듯이 보험이란 원래 그런 거라며 단정이라도 내릴라치면, 나 같은 보험쟁이는 무척 억울한 마음이 드는 것이다.

보험은 수천 년의 세월을 거치며 오늘날의 모습으로 발전해왔다. 인류가 만들어낸 수많은 제도들은 시대가 바뀌면서 명멸明滅하기를 거듭해왔다. 그러나 불행한 소수를 위해 다수가 돕는 보험은, 기본 원리로 본다면 기원전 시대나 오늘날의 21세기나 거의 비슷하다. 나는 보험이야말로 인류가 아직 효과적인 대체재를 발견하지 못한 몇 안 되는 제도라고 믿는다. 하지만 불행히도 보험은 도덕적 해이나 불완전판매에 취약하기 때문에 일반대중들은 보험에 대해서 부정적인 이미지를 가지고 있다. 스크린에 비치는 암울하고 왜곡된 보험의 모습에 대중이 공감하는 모습이 보험을 연구하는 내게는 안타까울 뿐이다. 내가 이 책을 쓰게 된 동기는 바로 여기에서 비롯되었다.

전통적인 영사기의 기본원리는 잔상殘像, after image에 의존한다. 잔상이란 '빛의 자극이 제거된 이후에도 시각기관에 어떤 흥분상태가 계속되어 시각작용이 잠시 남는 현상'을 의미한다. 전통적인 영화 영사기는 1초당 24개의 사진을 보여준다. 이 24개의 잔상이 우리 눈에 맺혀져 연속적인 운동으로 보이게 된다. 그런데 영화에 비친 사물의 잔상은 망막에서는 1/24초

정도만 나타나지만, 우리 뇌리에는 평생토록 각인되는 것이다.
여러분은 이 책에서 영화에 비쳐진 보험의 잔상과 그 실상을 보게 될 것이다. 이 책은 영상 속에서 그려진 보험이 실제로는 어떻게 움직이는지 그 원리를 설명한다. 영화에 비쳐진 보험의 모습이 대개 뒤틀려 있기 때문에 이를 풀어서 바로잡으려는 노력을 기울였다. 따라서 이 책에서 보험제도는 칭찬하되 그 제도를 왜곡한 자에 대해서는 그가 누구이든 망설임 없이 비판할 것이다. 그리고 여기에서 다루는 보험은 보험회사의 민영보험이다. 따라서 국민건강보험과 같은 사회보험이 아님을 밝히는 바이니, 이에 오해가 없기를 바란다.

내가 이 책을 구상하게 된 직접적인 계기는 보험사기를 다룬 영화 〈하면 된다〉(2000)를 보면서 비롯되었다. 배우 이범수의 능청맞은 연기에 감탄하던 중 갑자기 사람들이 이 영화를 보고 모방하면 어쩌나 하는 걱정이 들었던 것이다. 그 후 연구원과 보험회사를 거쳐 대학에 정착하기까지 영화를 매개로 보험을 쉽게 풀어보는 책을 써야겠다는 생각이 내 머릿속에서 떠나질 않았다. 그러다가 2012년 한국보험학회의 저술지원을 받아 집필을 시작하게 된 결과물이 바로 이 책인 것이다.
이 책을 통해 보험을 이해하는 사람이 한 사람이라도 늘어난다면, 그 동안의 나의 노력에 대한 보상이라고 생각하고 싶다. 특히 그 독자가 미래의 보험 소비자이자 보험산업을 이끌 학생이라면 나로서는 더할 나위 없이 기쁘고 또한 고마울 것이다. 그래서 간간이 보험인이란 직업에 대해 적어놓았다. 또한 이 책이 보험에 대한 원론적인 이해가 부족한 채 보험업에 종사하는 분에게도 조금이나마 도움이 되길 바란다. 물론, 우리 보험산업의 발전을 위해 힘써온 모든 분들께 감사의 마음을 전한다. 이곳저곳에서 튀어나오는 순진한 고언苦言은 보험산업이 한 걸음 더 나아가는 데에 힘을 보태려는 뜻으로 혜량해주시기를 바란다.

이 책의 저술을 지원해준 한국보험학회에게 감사드린다. 심사 이후에 알게 되었지만, 대구대의 이원돈 교수는 꼼꼼한 심사로 필자의 어처구니없는 실수도 발견해주셨을 뿐 아니라 소주잔을 곁들인 격려를 하는 것도 잊지 않았다. 순천향대의 김헌수 교수는 소제목에 대한 아이디어를 주셨고 실제로 그것들 중 몇몇은 그대로 반영되기도 했다. 항상 깔끔하게 학회 업무를 처리해주시는 정미경 사무국장께도 이 자리를 빌려 고마움을 표시한다. 그리고 출판에 도움을 주신 머니투데이방송의 최남수 대표와 새빛에듀넷의 전익균 대표에게도 감사드린다. 끝으로 조용히 응원해준 아내와 중간중간 읽어보고 이만하면 조금은 팔리겠다고 격려해준 아들에게도 고맙다는 말을 전한다.

안서동 상록관에서

2015년 봄

김재현

영화, 보험을 찍다

차례

숨겨진 보험 원리

그래비티
무엇이든 보험이 되나?

삼총사
공평하지 않으면 뭉칠 수 없다

로이즈 오브 런던
죽느냐 사느냐, 정직이 문제로다

CSI 마이애미
도박과 보험의 경계

그래비티_
무엇이든 보험이 되나?

하나님 맙소사.

엄청난 보험에 들어 있어야 할 것 같다. 휴스턴!

익스플로러 호가 무참하게 파괴되었다.

2013년에 개봉된 〈그래비티Gravity〉에서, 노련한 우주인 매트(조지 클루니 분)는 우주왕복선이 인공위성 파편 소나기에 맞아 완전히 부서졌다며 휴스턴의 우주센터에 다급하게 보고한다. 이 장면에서 관객은 자칫 나사NASA에서 보험은 들었지만 보험금이 부족한 것이 아니냐고 오해할 수 있다. 하지만 나사에서 보험을 들었을 리 없다. 좀 더 현실적으로 말한다면, 보험을 들어줄 보험회사를 찾지 못했다고 보는 것이 정확하다.

보험의 필요조건

많은 사람들은 웬만한 일은 '보험 들면 되지'라고 생각할지 모른다. 우리는 보통 일상생활에서 약간의 비용이나 수고를 들여 빠져나갈 구멍을 마련하는 것을 두고 "보험에 든다"라고 말할 때가 많다. 하지만 실제로 보험이 있으려면 몇 가지 조건이 갖추어져야 한다. 그게 아니라면 쉽게 구해지지 않거나 아예 존재하지 않는다. 무엇보다 먼저 손해를 경제적으로(돈으로 환산해서) 측정할 수 있어야 한다. 이는 보험회사가 손해액을 더도 덜도 아닌 딱 그만큼만 보상한다는 실손보상 원칙principle of indemnity 때문이다. 보험금이 손해액보다 많다면 보험계약자가 초과이익을 얻게 되어 자칫 고의로 사고를 저지를 유인이 될 수 있기 때문이다. 그 반대라면 보험회사가 부당한 이익을 취하게 된다. 더욱이 돈으로 평가하기 어려운 손해라면 보험회사와 보험계약자 사이에 손해규모를 놓고 의견 일치를 보기 어렵다. 따라서 애인과 헤어졌을 때 그동안 투자한 시간과 열정에다 그에 더해진 정신적 충격은 주관적이기에 실연失戀보험은 없다. 단지 생명보험에서 피보험자의 가치는 매우 주관적이며 또한 측정하기도 어려운 것이다. 따라서 생명보험에서는 미리 사망보험금을 정하고 보험계약을 체결하게 되는데, 이를 정액보상이라고 한다.

그런데 손해가 경제적으로 측정이 가능하더라도 다음의 조건들이 만족되어야 제대로 된 보험이 나올 수 있다.

첫째, 손해의 횟수와 규모를 안정적으로 예측할 수 있도록 많은 자료가 충분할 정도로 마련되어야 한다. 사고 발생 확률과 그 손해 규모를 예측하기 어렵다면, 보험회사로서는 잘못된 보험료 산출로 인해 커다란 손실을 입을 수 있기 때문이다.

둘째, 손실 규모가 지나치게 크지 않아야 한다. 보험회사는 손실 규모가 통제하기 어려운 경우에는 보험 상품을 팔려고 하지 않는다. 예컨대, 전쟁이나 지진과 같은 재난재해가 발생했을 경우에는 지리적으로나 경제적으로나 그 피해를 통제하기 어렵기 때문에 국가가 아닌 보험회사가 그 손실을 감당하기 어려운 것이다.

〈그래비티〉

셋째, 보험가입자가 감당할 수 있는 보험료가 산출되어야 한다. 앞의 두 가지 조건이 만족되더라도 보험료가 너무 비싸면 가입하는 사람이 거의 없기 때문에 그 보험은 무용지물이 되는 것이다.

왜 우주보험이 어려운가?

가장 최근에 만들어진 미국의 우주왕복선 인디버 호는 건조비용이 17억 달러에 달했다. 영화 〈그래비티〉에서 우주왕복선과 같이 부서진 허블급 망원경의 가격은 발사 비용까지 포함하여 15억 달러에 달한다.[1] 따라서 〈그래비티〉에서는 미화 32억 달러가, 우리나라의 원화로는 3조 5천억 원이 한순간에 우주 쓰레기로 변한다. 물론 사망한 3명의 우주인의 몸값은 제외하고 말이다.

나사에 따르면, 1981년 컬럼비아 호가 우주 왕복에 성공한 이후로, 컬럼비아, 챌린저, 디스커버리, 아틀란티스 그리고 인디버 등 5대의 우주왕복선이 연인원 350명을 태우고 130회 이상 우주왕복을 했다.[2] 이 가운데 챌린저 호와 컬럼비아 호가 각각 1986년과 2003년에 공중에서 폭발하고 말았다.

그렇다면 산술적으로 따져 140회 출항에 2회 사고라면 사고발생 확률은 1/70이다. 확률도 문제이지만 한 번 사고에 선체만 17억 달러를 보험금으로 지급하게 되는 셈이다. 그러니 보험회사가 제 정신이라면 휴스턴에서 걸려온 전화는 받지도 않을 것이다. 그리고 두 번 사고에 우주인이 14명이나 희생되었으니 생명보험회사도 우주왕복선 승무원을 정중하게 거절할 것이다.[3]

물론 앞으로 기술이 발달하면 그만큼 안전성은 높아져서 무사고 기록이 쌓일 것이다. 하지만 보험회사가 안심하고 우주왕복선 보험을 팔기까지에는 상당한 시간이 필요할 것이다. 결국, 첫째와 둘째 이유 때문에 영화에서는 우주탐사선과 허블망원경이 무보험 상태로 최후를 맞는다.

사실 우주보험space insurance은 있으나 아직은 그 시작 단계에 머무르고 있다. 경제협력개발기구OECD에 따르면, 매년 수백 개의 인공위성들이 지구 궤도에 오른다. 그런데 보험에 가입하는 경우는 40개 정도에 불과하다. 2010년 현재, 지구 궤도에 떠 있으면서 활동 중인 인공위성의 수는 1,000개에 달한다. 이 가운데 상업용 인공위성 175개만이 보험에 가입되어 있다.[4]

하긴 첩보위성은 존재 자체가 기밀일 터이다. 게다가 국가에서 운용하는 위성은 굳이 보험에 들 필요가 없을 것이다. 하지만 우리나라 KT처럼 상업적으로 위성을 운용하는 기관이 늘어나고, 영리를 목적으로 우주발사로켓을 운용하는 기관들이 있기 때문에, 인공위성을 커버하는 우주보험의 전망은 밝다. 다만 우주보험은 보험금이 워낙 크므로 보험사고를 나누어서 따로 판매된다.

1980년대 초기에는 사고가 자주 발생했기 때문에, 보험료가 인공위성의 원가의 30~40%까지 이른 적도 있었다.[5] 인공위성의 경우에는, 위성의 조립과 이동 및 설치 시를 위한 발사 전prelaunch 보험, 발사부터 정상궤도 진입 시까지를 위한 발사launch 보험, 그리고 진입 후 손실을 다루는 궤도in-orbit 보험 등으로 나뉜다. 그런데 2013년 1월 한국항공우주연구원이 나로 호 3차 발사 때 가입한 보험은, "발사 전 보험"과 항공우주법에 따라 가입해야만 하는 "우주손해배상 책임보험"이 전부였다.
우주손해배상 책임보험은 바다로 떨어질 발사체가 엉뚱한 곳으로 떨어져 손해를 끼쳤을 때를 대비한 배상 책임보험이다. 나로 호가 발사체가 점화된 이후부터 무보험이었던 이유는, 우리나라의 첫 발사체였던 탓에 해외의 재보험회사가 감당하기 어려울 정도로 높은 보험료를 요구했기 때문이다. 재보험에 대한 설명은 뒤에서 다루기로 한다.

시장의 실패와 정부의 개입, 풍수해 보험

영화 〈해운대〉(2009)의 장면처럼, 대형 지진해일이 부산을 덮친다면 어떻게 될까? 인명과 재산 피해는 천문학적인 수치에 달할 것이다. 먼저, 생명보험회사 앞으로 수만 명에 육박하는 사망자와 수십만을 넘는 부상자에 대한 보험금 지급 요청이 쇄도할 것이고, 끝내는 보험회사는 지급불능 상태에 빠지게 될 것이다.
그렇게 되면 아예 정부가 일단 지급을 중단시킬 가능성도 있다. 손해보험회사로서는 수십만 대에 달하는 자동차보험의 피해 보상액이 상당할 것이다. 자동차보험도 원래는 홍수에 의한 침수는 보상하지 않았다. 그런데 1990년대 초 경기도에서 홍수로 하천변에 주차했던 자동차가 대거 쓸려 나갔을 때 민원이 쇄도하자, 정부가 홍수 피해를 보상하도록 약관을 바꾸게끔 만든 바 있다.

또한 여기에 실손의료보험 보험금까지 더해져 생명보험회사와 별 차이가 없게 될 것이다. 하지만 주택이나 건물에 대한 화재보험에서 해일은 원칙적으로 보상하지 않는 손해의 원인이 된다.

따라서 자연재해의 경우, 보험회사가 회피하는 시장의 실패market failure가 나타난다. 그렇다고 홍수 위험의 규모가 크다는 이유로 보험회사가 외면하는 것을 정부는 마냥 방치할 수만은 없다. 그래서 일부 국가에서는 보험회사가 자연재해의 위험을 일부라도 부담하게 만든다.

허리케인에 시달리는 미국 남부에서는 홍수보험flood insurance의 수요가 크다. 설상가상으로 홍수보험은 단번에 대규모 피해가 발생하는 바람에 보험회사가 세밀하게 보험금 지급심사를 수행할 여유도 없다. 따라서 보험금 과다청구 현상은 자주 나타나는데, 그래서인지 허리케인이 한번 지나가면 그 지역의 렉서스Lexus 판매가 두 배로 뛴다는 소문도 나돌곤 한다.[6]

따라서 손해보험회사는 홍수보험을 되도록 취급하지 않으려고 한다. 이에 맞서서 주 정부는 홍수보험을 판매하지 않는 손해보험회사를 아예 그 주 안에서 자동차보험 영업을 하지 못하게 만들어, 반강제적으로 홍수보험을 취급하게 만들기도 한다.[7]

현재 미국 국민은 어느 지역에서나, 정부에서 운영하는 전국홍수보험프로그램National Flood Insurance Program을 보험대리점을 통해 가입할 수 있다.[8] 그런데 홍수보험이 있기 위해서는 보험회사가 정확한 보험료를 산출할 수 있어야 하며, 보험계약자도 가입 여부를 판단할 수 있는 정보가 있어야 할 것이다.

보험회사나 지역주민은 연방재난관리청FEMA: Federal Emergency Management Agency에서 제공하는 홍수 지도flood map를 놓고 그 같은 의사결정을 내린다. 우리나라의 경우에도 박근혜 정부가 출범하자마자 추진하였던 생활안전지도가 이와 유사한 개념이라고 할 수 있다. 이는 홍수는 물론 우범 지역, 교통사고 빈발 지역 등 생활안전과 밀접한 정보를 국민이 쉽게 활용할 수 있도록 하는 시스템이다.

생활안전지도가 우리나라에서 아직 활성화되지 않았기 때문에, 그 사용처가 어떤지 이해를 돕기 위해 다음과 같은 내용을 독자들에게 소개한다. 아래의 구절은, 2011년 미국 펜실베이니아 주의 하이델버그Heidelberg란 작은 도시에서 있었던, 그곳의 지방자치단체가 주민에게 돌린 회람의 내용 가운데 한 구절이다.[9]

500년 홍수 지도는 변화가 없지만, 4번가와 1번가 사이의 워싱턴 가 일부, 오크 길, 그리고 인더스트리 가의 건물과 재산이 100년에 한 번 있는 홍수 가능성 범위에 들어왔습니다.

이렇듯, 미국에서는 주민 1,225명에 571가구뿐인 작은 도시에서조차 1백

년에 한 번 또는 5백 년에 한 번이란 홍수확률을 시시콜콜 따지고 있는 것이다. 이 정도라면 허리케인의 피해가 막심한 플로리다 등 해안 지역의 홍수보험은 그야말로 촘촘히 갖추어져 있을 것이다.

물론 홍수보험의 경우에 보험료도 만만치 않아 보험사고가 없는 사람이 집과 동산動産을 합쳐 최대 25만 달러까지 보험에 든다면, 보험료는 연간 약 5천 달러, 즉 우리나라 돈으로 5백만 원이 넘는다.[10] 결국 홍수보험은 2013년 기준 1인당 GDP 51,749달러인 미국 정도는 되어야 감당할 수 있는 비싼 보험인 것이다. 따라서 1인당 GDP 3만 달러를 바로 눈앞에 두고 있는 우리로서는 홍수보험은 적지 않게 부담이 되는 것이다.[11]

그래서 정부는 홍수보험을 태풍, 홍수, 강풍, 대설 등 자연재해로 인해 집과 비닐하우스 등의 피해를 보상하는 풍수해보험이란 이름으로 시범적으로 운영해왔으며, 2015년부터 본격적으로 보험의 실시가 확대될 계획이다. 물론 정부가 풍수해보험 보험료의 절반을 부담한다.[12]

한편, 풍수해보험의 성공 여부는 보험금 과다청구를 어떻게 통제하고 방지하느냐에 달려 있다. 미국에서도 홍수보험은 농작물보험crop insurance과 더불어 도덕적 해이에 취약한 대표적인 보험의 사례로 꼽힌다. 풍수해보험은 피해가 한순간에 광범위하게 발생하여 그 규모를 정확하게 파악하기 어려울 뿐 아니라 가입자가 주로 농민이나 저소득층 등 사회적 약자이기 때문에, 보상 조치가 온정주의로 흐를 가능성도 높은 것이다.

십여 년 전 모 손해보험회사에서 농작물재해보험이란 유사한 보험에 참여한 적이 있었다. 어느 날 강풍이 불어 낙과손실이 나자 보험회사의 젊은 직원이 낙과율을 파악할 목적으로 과수원을 방문했다. 과수원 주인이 거의 모든 과실이 떨어졌다고 청구했기 때문에, 이를 확인할 필요가 있었던 것이다. 하지만 순진한 그 직원은 마중 나온 과수원 주인 손에 시퍼런 낫이 쥐어져 있는 것을 보고 혼비백산 줄행랑을 쳐버렸다. 정책성 보험은 자칫 이와 같은 결과를 가져오기 쉽다. 보험에서 나타나는 도덕적 해이는 앞으로도 이 책 곳곳에서 다루어질 것이다.

자연재해와 빈국과 부국의 양극화

이제 보험료가 경제적으로 부담 가능해야 한다는 마지막 조건 때문에 부국과 빈국의 양극화 현상이 왜 발생하는지를 알아보자. 글로벌 온난화와 사람이 살기 어렵던 습지가 매립되어 거주지로 확대되면서, 태풍과 같은 열대성 저기압이 몰고온 피해 규모는 갈수록 커지고 있다.

아래의 표는 세계 여러 지역에서 발생한 대규모 자연재해 피해와 보험금 지급 규모를 보여주고 있다. 미국의 허리케인이나 유럽의 겨울 폭풍의 경우에 손실 규모는 크지만 인명 피해는 크지 않다. 그 지역의 사회 인프라가 잘 갖추어져 있고 안전의식도 높기 때문이다. 하지만 중국과 동남아시아 지역의 경우에는 그와는 반대로 사망자만 십만 명을 훌쩍 넘을 때도 있다. 이제 표에 있는 경제적 손실 대비 보험가입 금액의 비중에 주목해보자. 보험가입 금액이란 피해를 입은 재산에 대해 보험회사가 보상할 수 있는 최대금액을 뜻한다. 물론 피해 정도에 따라 보험금이 지급되므로 보험가입 금액이 실제 보험금액과 항상 일치하는 것은 아니다. 하지만 보험으로부터 보호받는 수준을 가늠할 수 있는 훌륭한 정보가 된다.

아시아의 이른바 가난한 나라에서의 그 비율이 기껏 10% 이하에 불과한 데에 비해, 미국이나 유럽의 경우는 그 비율은 50% 내외다. 그만큼 부자나라에서는 자연재해에 상대적으로 철저하고도 꼼꼼하게 대비하고 있는 것이다. 그런데 많은 보험회사들이 재보험을 통해 자신이 지급할 보험금을 분산시킨다. 따라서 미국을 강타한 허리케인 카트리나Katrina로 입은 피해에 따라 지급된 보험금의 상당 부분을 재보험회사가 부담한다.

여기에는 미국의 재보험회사만이 아닌 전 세계 특히 유럽에 몰려 있다시피 한, 로이즈와 같은 대형 재보험회사도 있기 마련이다. 결국 카트리나로 입은 미국의 경제적 피해가 재보험을 통해 전 세계로 분산되는 효과가 나타나는 것이다.

그러나 태풍에 한창 시달렸던 2013년 당시 1인당 GDP 3,557달러인 인도네시아와 2,587달러인 필리핀의 경우라면 어떨까. 그곳은 보험이 발달한 나라도 아니다. 설령 있다고 하더라도 1인당 소득이 낮아 보험료를 감당할 사람이 많은 것도 아니다.

따라서 보험가입이 저조하다보니 태풍으로 쓸려가도 그 피해를 고스란히 안은 채 안팎으로 구원의 손길에 기댈 수밖에 없는 것이다. 우리나라도 홍수만 났다 하면, 아이들 코 묻은 돈에서 기업의 헌금까지 신문과 방송에서 누구누구는 얼마를 냈다며 경매하듯 구호성금을 모았던 시절이 있었다. 그런데 선진국에서 자연재해로 인해 대규모로 보험금이 지출되면, 전 세계적으로 손해보험에서 하드마켓hard market이 형성된다. 하드마켓이란 손해를 본 보험회사들이 위축되어 보험 공급을 줄이고 보험료를 인상하는 바람에 기업의 보험 가입이 어려운 때를 가리키는 표현이다. 이럴 경우 인상된 보험료를 내야만 하는 기업 중에는 홍수보험과 같은 부자동네 보험과 무관한 인도네시아나 필리핀 기업들도 섞여 있기 마련이다.

선진국은 서로 자연재해 손실 위험을 전 세계로 분산시킴으로써 경제적 타격을 최소화하는 것이다. 그러나 빈국은 그 경제적 충격을 고스란히 받게 되니, 보험의 세계 속에서조차 부국과 빈국의 양극화 현상이 나타나는 것이다.

〈표〉 주요 자연재해 피해 및 보험 가입

단위(명, 달러)

사건	인명피해	경제적 손실(A)	보험가입금액(B)	(B/A)×100(%)
허리케인 앤드류 1992, 미국)	60	265억	170억	64.2
겨울 폭풍 로사 (1999, 유럽)	110	115억	55억	47.8
허리케인 카트리나 (2005, 미국)	1,300	1,250억	625억	50.0
양자강 대홍수 (1998, 중국)	4,000	307억	10억	3.3
인도양 지진해일 (2004, 동남아시아)	220,000	100억	10억	10.0

자료: www.agcs.allianz.com

삼총사_
공평하지 않으면 뭉칠 수 없다

셋이라고 했습니까? 하지만 나까지 합치면 넷인데.

누가 널 끼워준다고 했나?

비록 제복을 입지는 않았지만 마음은 총사입니다. 우리는 하나로 뭉쳐야 합니다. 맹세컨대 여기에서 진다면 평생을 치욕 속에서 보내야 합니다.

이름이 뭐라고 했지?

달타냥입니다.

좋아. 아라미스, 포르토스 (각자 칼을 뽑는다.) 그리고 달타냥... 우리는 한 사람을 위해! 한 사람은 우리를 위해!

준비~! (그리고는 함성을 지르며 친위대를 향해 달려간다.)

알렉산더 뒤마의 소설 『삼총사』(1844)는 영화의 단골 소재다. 내가 영화 데이터베이스 사이트인 IMDb에서 세어보니, 삼총사는 1922년의 무성영화에서 시작하여 2011년의 3D영화에 이르기까지, 할리우드에서만 총 9편이 제작되었다. 여기에는 미키와 도널드를 비롯해서 바비 인형까지 등장한 두 편의 만화영화도 포함된다.
이처럼 배우가 다양하게 바뀌듯 각본도 진화하여, 마침내는 2011년 작품에서는 17세기에 열기구로 하늘을 나는 전함끼리 공중전을 벌이는 만화 같은 장면까지 등장하기도 했다. 그러나 100년에 걸쳐 만들어진 수많은 삼총사에서 빠지지 않는 것이 하나 있다.
시골에서 갓 올라온 혈기 왕성한 달타냥이 삼총사와 함께 외치는, "우리는 한 사람을 위해, 한 사람은 우리를 위해All for one, one for all"란 대사가 그것이다. 이 구호를 직역하면 다소 어색해서인지 몰라도, 영화의 더빙이나 자막에는 "뭉치면 살고, 흩어지면 죽는다"로 나올 때가 많다. 어차피 비슷한 뜻이 아니겠는가.

로마 시대부터 전해져 내려왔다는 이 구호는 19세기 연방국가로 통일된 스위스에서 널리 알려졌다. 스위스는 건국 직후 알프스 대홍수를 겪는데, 정부와 언론에서 재해복구에 국민을 동참시키기 위해서 이 구호를 썼다고 한다.[13] 산악지대에 흩어져 있는 부족 간 갈등을 이겨내고 연방국가로 거듭난 스위스에서 진정 필요한 모토였는지, 이 문구는 마침내 스위스의 수도 베른에 있는 연방의사당의 천장에 새겨지게 된다.

우리가 보험을 설명할 때 자주 쓰는 상부상조相扶相助란 사자성어처럼, 서양에서는 이 문구를 같은 용도로 즐겨 사용한다. 이제부터 보험이 어떻게 사회와 개인에게 도움을 주며, 사회 구성원의 참여를 필요로 하는지 살펴보기로 한다.

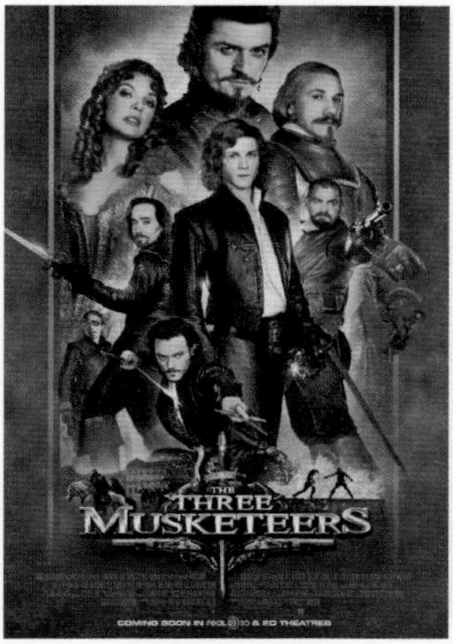

〈삼총사〉(2011)

라틴어로, "All for one, one for all"의 의미가 새겨진 스위스 연방의사당 돔 천장

보험이란 무엇인가

보험은 "동일한 위험을 가진 다수의 사람"을 위한 제도다. 보험에서 말하는 위험이란 경제적 손실이 발생할 불확실성을 가리킨다. 경제적 손실이란 화폐 단위로 측정이 가능해야 한다.

독자들도 이성과 헤어지는 아픔을 한 번쯤은 겪어보았을 것이다. 앞서 얘기했듯이, 안타깝게도 그 고통은 개인에게는 아주 클지 몰라도 객관적으로 얼마짜리라고 정하기는 매우 어렵다. 상품으로서의 실연보험이 없는 이유가 바로 여기에 있다.

불확실성은 손실이 발생할 수도 또는 아닐 수도 있는 상황을 가리킨다. 보험에서는 불확실성을 위험으로 간주한다. 만약 100% 손실이 확실하다면, 아예 그런 일은 회피하므로 역설적으로 더 이상 위험하지 않다고 본다. 이 가운데 보험은 그 확률은 낮지만 한 번 터지면 손실이 큰 경우에 대비하여 존재하는 것이다.

예컨대, 개인에게 자동차사고는 어쩌다 겪는 일이지만 일단 발생하면 자칫 인명 피해나 고가의 자동차가 파손되는 등 감당하기 어려운 배상책임이 따를 수 있다. 반면에 볼펜은 누구나 자주 잃어버릴 수 있지만, 집을 팔 정도로까지 경제적 충격을 가져다주는 것은 아니다. 바로 이것이 자동차보험은 있어도 볼펜보험은 없는 이유가 된다.

물론 개인에게 자동차사고는 그야말로 어쩌다 일어난다. 하지만 운전대를 잡을 때마다 사고를 내면 어떻게 하지, 또는 가진 것이라고는 자동차밖에 없는 빈털터리에게 사고를 당하면 어떻게 하지, 등을 걱정하는 사람은 있기 마련이다. 그렇다면 불안에 떨며 살 바에야 약간의 사례를 하고, 내 대신 뒤처리를 해줄 사람을 찾는 것이 오히려 마음이 편하다.

이런 생각을 가진 개인이 많다면, 여러 사람들로부터 조금씩 돈을 거두어 자동차사고를 당한 사람에게 모아 준다면, 누구나 안심하고 운전대를 잡을 수 있을 것이다. 보험은 이렇게 시작된다. 이때 서로 돈을 얼마나 내야 할지를 계산하고, 그 돈을 모아서 사고를 당한 사람에게 전달하는 자가 필요한 것이다.

먼 옛날에는 개인이 아름아름 그 일을 했겠지만 지금은 보험회사가 그 일을 맡고 있다. 우리는 이 같은 역할을 수행하는 주체를 보험자保險者라고 부른다.

'한 사람을 위한 우리'에서 한 사람은 불행히도 사고를 당한 개인이며, 우리란 수많은 보험계약자가 된다. 또한 '우리를 위한 한 사람'에서 우리가 다수의 보험계약자라면, 한 사람은 보험계약자 개인이 된다. 개인이 보험료를 내고 보험에 가입하면, 개인의 위험이 모이는 효과가 나타난다. 이것이 리스크 풀링risk pooling이다.

이후 모여진 보험료가 보험사고를 당한 개인에게 지급하는 보험금으로 사용되면, 보험에 참여한 개인들이 서로의 위험을 나눈 효과가 나타난다. 이것이 리스크 쉐어링risk sharing이다.

결국 보험자는 개인의 위험을 모아 여럿에게 분산시키는 중개자 또는 관리자의 역할을 수행하게 되는 것이다.[14]

보험은 왜 공평해야 하나

이제, 어떻게 하면 보험이란 풀에 사람들이 참여하여 각자의 위험을 나누는 지를 가상의 사례를 통해 알아보자.
우리나라에서 매년 4년제 대학에 약 20만 명이 입학한다. 이들 입학생의 나이가 모두 만 19세라고 가정하자. A생명보험회사가 창립 50주년을 맞아 비용이나 이익을 생각하지 않고 새내기 남학생을 위해 사망 시 보험금 1억 원을 지급하는 계약 기간 1년짜리 '새내기보험'을 출시한다. 이 상품은 신입생 환영회에서 나타날지 모를 음주 사고를 걱정하는 학부모를 포함해서 장래의 고객인 젊은이에게 일찍부터 회사를 홍보하려는 전략적 포석이다.
제6회 경험생명표에 따르면, 만 19세 남성이 20세 이전에 사망할 확률은 0.041%(10만 명당 41명)다.[15] A사는 원가에 공급하므로 모두 새내기보험에 가입할 것으로 내다보고, 10만 명 중 41명이 사망하므로 보험금이 41억 원이 나갈 것이고, 이를 위해서 10만 명의 남학생들은 각각 보험료 4만 1천 원(41억 원/10만 명)을 내면 된다고 계산하였다.

새내기보험을 인해 남학생을 둔 학부모들이 안심하자, 나머지 10만 명의 여학생의 학부모들이 양성평등에 어긋난다며 항의하기 시작했고, 여성가족부도 가만히 있지 않겠다고 엄포를 놓는다. A사는 허겁지겁 여학생도 똑같은 조건으로 가입할 수 있다고 발표한다. 하지만 여론은 더욱 악화된다. 이번에는 오토바이로 도로를 질주하고, 음주 후 물에 뛰어드는 정신 나간 짓은 남학생들이 하는데, 왜 여학생들이 같은 보험료를 내야 하냐며 난리가 아니다.
실제로 같은 경험생명표에 따르면, 만 19세 여성이 1년 내에 요절할 확률이 10만 명당 20명으로 남성의 절반에 불과하다. 따라서 여학생에게는 4만 1천 원이 아닌 2만 원을 받아야 마땅하다. 커피전문점 라테 넉 잔 값에 A사의 담당 임원은 보따리를 싸야 했다.

이 가상의 사례에서는 보험요율 계산을 터무니없이 단순화시켰지만, 보험의 원칙을 여러분에게 쉽게 전달하기에는 충분하다. 보험에서는 위험에 보험료가 비례하는 공평함fairness이 가장 중요한 원칙이 된다.

공평함이란 무엇인지 말해줄게.
예를 들어, (내가) 내일 아침에 상쾌하게 일어나서 은행에 들렀다고 치자.
그런데 네가 나에게 줄 돈이 없다면 말이야.
난 은행 안에 있는 모두가 보는 앞에서 네 머리를 (총으로) 날려버리겠어.

라스베이거스를 무대로 한 갱 영화인 〈카지노Casino〉(1995)에서 잔혹한 마피아 보스 니키(조 페시 분)의 대사다. 만약 부당하게 높은 보험료 청구서를 받은 사람이 있다면, 마피아처럼 총을 들고 보험회사 건물에 쳐들어 갈 수는 없는 일이고, 공평한 대우를 받을 방법을 찾거나 아니면 그런 보험회사는 망해야 한다고 온갖 저주를 퍼부을 일이다.

하지만 사람들이 보험료가 높은지 낮은지도 모르는 상황이라면 이런 설명은 아무 의미가 없다. 어떻게 하면 보험회사로 하여금 보험자의 역할을 충실히 수행할 수 있도록 만들 것인지가 앞으로 이 책에서 여러분이 배워야 할 내용이다.

〈보험계약의 이해관계자〉

보험계약에는 다양한 이해관계자가 등장한다. 보험자는 보험업을 수행하는 자로 보험회사, 국민건강보험공단, 각종 공제 등이 있다. 보험계약자는 자기 이름으로 보험자와 보험계약을 체결하는 자다. 피보험자는 보험의 대상이 되는 자이며, 재물을 다루는 손해보험이라면 피보험물이 된다. 보험수익자는 보험금을 지급받는 자다.

따라서 아버지의 불의의 사망에 대비하여 자식이 보험금을 받는 생명보험을 어머니가 가입했다면, 아버지는 피보험자, 자식은 보험수익자, 어머니는 보험계약자가 된다. 어머니가 자신을 위해 암보험에 가입했다면, 세 가지 모두 해당된다.

보험소비자는 보험계약자는 물론 피보험자와 보험수익자 등 보험계약에 경제적 이해를 가진 자를 말한다.

로이즈 오브 런던_
죽느냐 사느냐, 정직이 문제로다

저 촛불은 어디에 쓰이죠? (굶주린 조너선이 스테이크를 썰며 물어본다.)

지금 웨이터가 해상보험을 경매하고 있어. 양초 받침에 핀을 꽂고 촛불이 핀까지 내려올 때까지 경매를 하는데, 가장 낮은 가격을 부른 회원이 배를 차지하지(가장 낮은 보험료를 부른 회원이 해상보험을 인수한다는 뜻).

웨이터가 그런 일도 하나보죠?

여기에서는 웨이터가 음식도 나르지만, 보험을 경매하고 신디케이트에게 보험을 나누어주는 일도 한단다.

신디케이트가 뭐죠?

여기에 있는 사람들이 만든 모임이란다. 로이즈는 회사가 아니고, 신디케이트라는 모임들로 이루어져 있지. 신디케이트는 해상보험을 나누어 인수하고, 이익과 손실도 나누지.

1936년 작 〈로이즈 오브 런던〉은 당대의 미남 배우였던 타이론 파워Tyrone Power를 등장시켜 18세기 영국 로이즈Lloyds의 활약상을 그린다.
로이즈는 해상보험, 자연재해보험, 재보험 등을 다루는 세계적인 재보험자로서, 그 시작은 1688년 에드워드 로이드Edward Lloyd가 런던 항구에 문을 연 커피하우스로까지 거슬러 올라간다. 그의 커피하우스는 선주와 상인들이 모여 해상무역과 관련된 정보와 뉴스가 교환하는 곳이었다가, 슬그머니 해상무역에서 발생하는 선박이나 화물의 손실을 보상하는 해상보험marine insurance을 취급하는 곳으로 변신한다.

보험의 아이콘, 로이즈

로이즈는 2013년 1월 나로 호의 3차 발사 때 한국항공우주연구원이 가입한 2천억 원 상당의 보험의 95%를 인수한 적이 있다. 당시 나로 호의 보험은 겉보기에 우리나라 손해보험회사 컨소시엄이 판매한 것처럼 비쳤지만, 실제로는 로이즈의 오랜 경험과 자본력이 없었다면 다루기 어려운 보험이었다.
로이즈는 보험회사라기보다는 보험회사, 개인, 기업 등이 회원으로 참여하는 보험시장이며, 보험이 필요한 물건이 들어올 때마다 멤버들이 신디케이트syndicate를 이루어 인수underwrite하는 독특한 시스템으로 유지된다. 2012년에만 로이즈는 87개의 신디케이트를 통해서 4조 3500억 원에 이르는 보험료 수입을 올렸다. 비록 로이즈는 전 세계에서 가장 큰 보험회사는 아니지만, 역사나 규모 면에서 보험산업의 아이콘으로서 손색이 없는 곳이다.

〈로이즈 오브 런던〉

〈로이즈 오브 런던〉은, 1770년 영국의 노폭이란 어항에서 어린 조너선과 호라시오가 화물로 실린 금괴를 빼돌리고 배를 침몰시켜 보험금을 타려는 상선 선장과 선원들의 음모를 우연히 엿들으면서 시작된다.
로이즈가 보험사기 제보자에게 보상금을 준다는 소문을 들었던 가난한 술집 아들인 조너선은 친구 호라시오와 로이즈에 가기로 약속한다. 하지만 다음날 아침 조너선은 갑자기 해군에 입대하게 된 친구와 헤어진다. 조너선은 구두 밑창이 닳도록 런던까지 걸어와 보험사기극을 알린다. 로이즈 사람들은 조너선에게 상금을 주려고 하지만, 조너선은 그곳에서 사환으로 일하기를 간청한다.

세월이 흘러 조너선은 로이즈의 성공한 회원이 된다. 영불전쟁이 일어나고 프랑스 해군의 봉쇄로 영국의 상선들이 빈번히 격침당한다. 그러자 로이즈는 보험료를 대폭 인상하게 되고, 보험료를 감당 못한 상선들은 항구에 묶이게 된다. 하지만 조너선은 동료들에게 로이즈의 보험료 인상이 위기에 빠진 영국의 상단을 더욱 어렵게 만들 것이라며 보험료를 올리지 말자고 설득한다.
그의 논리는 로이즈가 예전의 보험료를 받는다면 상선들이 출항할 것이고, 프랑스 해군이 이들을 쫓게 되면 전력이 분산되어 열세에 놓인 영국 해군에게 유리하게 작용할 거라는 것이었다. 하지만 불 보듯 뻔한 손해를 감수할 회원은 없었다.
결국 낮은 보험료로 조너선의 보험에 가입한 상선들은 출항했다가 프랑스 해군의 포탄세례를 받고, 조너선은 커다란 손해를 본다. 낙담한 그가 쓰러져 병상에 있을 때, 영국 해군이 트라팔가 해전에서 대승을 거두었다는 소식이 날아온다. 며칠 후 조너선은 창밖으로 어린 시절 헤어진 넬슨 제독(친구 호라시오 넬슨)의 장례 행렬을 내려다본다.
술집 꼬마와 넬슨 제독을 능청맞게 소꿉동무로 만든, 제작된 지 80년이 더 지난 고전영화 속에 보험의 원리와 원칙이 생생히 살아 있다.[16] 가장 오래된 보험으로 알려진 해상보험은 지금으로부터 4천 년 전 바다가 아닌 사막에서 바빌로니아의 대상隊商들에서 비롯되었다. 당시 낙타 등에 짐을 싣고 사막과 도적떼를 뚫고 장사하는 것은 매우 위험한 모험이었다.

화물을 잃게 되면, 장사할 물건을 사기 위해 돈을 빌린 상인들은 그야말로 난처했을 것이다. 따라서 상인들은 전주錢主에게 이자 이외에 웃돈을 얹어주고 화물을 잃게 될 때 빌린 돈을 갚지 않아도 되는 권리를 사는 방책을 마련한다. 모험대차거래冒險貸借去來라고 부르는 이 제도는 이후 고대 그리스와 로마 시대의 지중해 무역에서 이어진다.

이 제도는 14세기 이탈리아 제노아Genoa에 이르러 예전처럼 대부금과 연계되지 않고, 오로지 화물의 안전을 담보하는 독립적인 계약으로 발전한다. 한편, 15세기부터 유럽의 제국들이 신대륙 개척 뒤에 교역과 침탈의 시대를 열면서 해상무역은 원양遠洋으로 급속하게 확대된다. 하지만 당시 원양무역은 빈약한 선박과 항해술로 인해 그야말로 목숨을 건 벤처산업이었다.

주경철 교수의『대항해 시대』에 따르면, 포르투갈의 선박들이 인도까지 다녀오는 왕복 항해에 20개월에 가까운 시간이 걸렸는데, 1600~1650년 사이에는 수도 리스본을 출발하여 아시아로 떠난 선박 852척 가운데 159척이 침몰하였다.[17] 이러다 보니 해상보험은 원양 항해에서는 빼놓을 수 없는 부분을 차지하게 된다.

보호무역으로 국부를 늘리려는 중상주의를 채택한 당시 절대왕정 국가 시대에서부터 식민지 침탈에 주력한 제국주의 시대에 이르기까지 유럽의 열강들은 자국 선단船團에 상당한 투자를 하였다. 그러자 자국의 선단이 경쟁국의 상선들보다 안전하고 저렴하게 유지하는 일이 곧 국가의 경쟁력으로 이어지게 된다. 당연히 무역의 안정성을 담보하는 해상보험의 역할이 크게 두드러질 수밖에 없었다.

정확한 정보, 정직한 정보

보험이 제대로 작동하기 위해서는 보험료가 정확해야 한다. 정확한 보험료 산출은 오랜 경험과 정보가 전제되어야 가능한 것이다. 이 가운데 정보는 보험계약자와 보험자 사이의 신뢰가 없이는 얻어지기 어렵다. 어린 사환 조너선은 음흉한 회원의 꾐에 넘어가 부두에서 들은 상선의 침몰 소식을 그에게만 몰래 알려주다가 들킨다.[18]

"뉴스를 정직하게 수집하고 정직하게 공유하는 것이 로이즈의 기반이야. 글래디에이터 호의 뉴스는 로이즈의 것이지 어떤 개인의 것이 아니란 말이지. 조너선 너는 조직을 배신한 죄를 지었어."

"로이즈는 두 개의 커다란 기둥으로 건설되었어. 뉴스와 정직한 거래가 바로 그것이지. 이것이 무너지면 우리를 포함해서 모든 영국의 선단이 무너져. 로이즈는 단순히 이익과 손실이 나는 비즈니스가 아니야. 이것은 영국 상업의 삶이자 피야.

영화의 초반부로 돌아가 보자. 막 보험사기를 신고한 조너선은 큼직한 스테이크를 대접받고 있다. 한 회원이 웨이터에게 종을 쳐서 보험사기 소식을 알리라고 지시한다. 조너선이 왜 종을 치냐고 묻자 그는 불행한 소식은 한 번, 희소식은 두 번 쳐서 회원들에게 알린다고 대답한다.

보험에서 정보야말로 가장 중요한 요소다. 정보는 정확해야 하므로 수집자의 과학적 측정 능력과 오랜 처리 경험을 필요로 한다. 그러나 정보를 제공하는 사람이 부정직하다면 그런 조건은 아무 소용이 없다. 특히 정보 수집자가 정보 제공자의 속마음을 알기 어렵다면 문제는 커진다. 이런 상황을 두고 경제학에서는 '정보의 비대칭성information asymmetry'이 존재한다고 부른다.

불행히도 보험은 정보의 비대칭성이 크게 존재하는 분야다. 보험에 가입하려는 사람은 자신에게 불리한 정보를 가능한 숨기거나 심지어 거짓으로 말하고, 유리한 정보만을 제공하려는 경향이 있다. 열 길 물속은 알아도 한 길 사람 마음속은 알기 어렵다는 속담이 여기에 해당된다.

사실 이런 행태를 비난만 할 수는 없다. 왜냐하면 그것이 우리의 본성이기 때문이다. 따라서 보험은 보험회사와 보험가입자 사이에 최대 선의utmost good faith를 가장 중요한 원칙으로 내세우고, 정보의 비대칭성에서 오는 부작용을 줄이기 위한 다양한 장치를 갖추게 된다.

수지상등과 대수의 법칙

보험은 보험회사가 미래에 예기치 못한 경제적 손실을 보험금으로 보상하겠다고 보험계약자에게 약속하고, 그 대가로 보험료를 받는 계약이다. 보험회사는 보험료를 미리 받고 보험금을 나중에 지급하게 된다. 보험금이 서비스인 셈이고 보험료는 가격이므로 보험금이 먼저 결정되어야 가격을 얼마로 할지 정할 수 있다.

그런데 보험금의 크기는 보험사고 횟수와 규모에 의해 결정되는데, 이 두 요소는 확정적인 것이 아니라 확률적이다. 따라서 보험회사가 보험금이 얼마나 나갈지 보험계약을 맺을 당시에는 정확히 알기 어렵다. 보험회사는 원가(보험금)를 추정해서 가격을 매기고, 그 계산이 정확했는지는 보험계약이 만료된 이후 정산해보고 알게 된다.

보험의 원가와 가격(보험료)를 산출하는 작업은 보험계리actuary라고 부르는 전문직에서 수행한다. 보험금을 충당하기 위한 보험료를 순보험료라고 부른다. 보험회사는 추정된 순보험료에 비용과 이익을 더해 보험계약자에게 보험료로 제시한다.

만약 순보험료의 합과 보험계약자에게 지급한 보험금의 합이 일치한다면, 보험회사나 보험계약자 모두 부적절한 이익이나 손해를 보지 않은 최적의 보험 상품이 만들어진 것이다. 이것을 보험회사에서 들어오고 나간 돈이 항상 같아야 한다는 의미로서, 수지상등收支相等의 원칙이라고 부른다. 그러나 추정은 추정일 뿐이다. 그래서 보험이 어려운 것이다.

그렇다면 보험회사는 어떻게 앞날을 내다보고 보험료를 계산하는가. 다행히 우리는 통계학을 통해 혼돈과 미지의 앞날을 비교적 정확하게 예측할 수 있다. 보험에서 중시하는 대수의 법칙law of large number은 표본의 크기가 커질수록 표본의 통계값이 모집단의 통계치에 근접한다는 원리다. 우리나라 5~6세 아동의 평균 키는 놀이터에서 노는 다섯 꼬마의 키를 잴 때보다 근처 유치원에서 꼬마 서른 명의 키를 잴 때에 더욱 정확한 값을 얻을 수 있다. 마찬가지로 급사急死나 자동차사고에 대비한 보험이 가능한 것은 수백만에 이르는 사람들의 수명이나 자동차사고 데이터가 있기에 가능하다. 따라서 보험회사는 통계를 모으고 이를 처리할 전문 인력을 확보하려고 애를 쓴다.

하지만 보험회사가 아무리 훌륭한 시스템과 인력을 갖추고 있어도 통계의 재료가 되는 정보가 거짓이거나 오류투성이라면 보험의 원리원칙은 무용지물이 된다. 쓰레기를 넣으면 쓰레기가 나올 수밖에garbage in, garbage out 없는 것이다. 즉, 보험은 절대적으로 정직한 정보에 의존할 수밖에 없는 것이다. 물론 정직은 보험소비자뿐만 아니라 보험회사에게도 똑같이 요구된다.

CSI 마이애미_
도박과 보험의 경계

이것이 데스 풀이죠. 유명 인사가 언제 죽을지를 놓고 내기하는 것입니다.
헨리 키신저, 아베 비고다… 경마에서처럼 사람을 뽑는군요.
배당금이 훨씬 낫습니다. 나의 배당금이 10만 달러죠.

범죄수사극 시리즈인 〈CSI Miami〉 시즌 5의 제3화("Death Pool 100")에서는 도박보험이 소재로 등장한다. 드라마는 유명 보석디자이너가 개최한 풀장 파티에 갑자기 권총강도들이 들이닥치고, 그들이 사람들의 보석을 빼앗는 장면으로 시작한다. 범죄 현장에는 총상으로 사망한 남녀 시신 두 구가 남는다. 풀 안에서 시신으로 발견된 젊은 여성은 한물간 연예인이다. 호라시오 반장은 사건 현장에서 발견한 권총의 주인을 찾아간다. 반장은 권총의 주인이 살해당한 여성의 생명을 놓고 도박을 했고 이 사건으로 큰 돈을 따게 된 것을 알아낸다.

오랜 역사를 지닌 도박보험

데스 풀death pool은 주로 정치가나 연예인 등 유명 인사가 일정 기간 이내에 사망할지를 놓고 내기를 거는 도박으로, 도박보험으로도 불린다. 고대 로마 시대 격투기에서 관중들이 돈을 걸었던 것이 최초의 도박보험일 것이다.
오늘날 라스베이거스에서 프로권투에 대한 도박이 성행하는 것과 같다고 할 것이다. 다른 점은 오늘날에는 패자가 엄청나게 얻어터진 후에 캔버스에 쓰러지면 그만이지만, 옛날에는 경기에 지는 것은 곧 죽음을 의미했다.
〈CSI Miami〉에서의 도박보험은 마이애미에서는 불법이다. 하지만 공해公海에 정박한 배에서 벌어지므로 경찰로서도 어찌할 방법이 없다. 우리나라에서도 허가된 장소 이외에서 벌어지는 도박은 원칙적으로 불법이므로 도박보험 역시 불법행위로 볼 수 있다.
만약 누군가 나의 생명을 놓고 돈을 걸고 있다면, 얼마나 불쾌하겠는가. 도박보험이야말로 인간 생명의 존엄성을 경시하는 부도덕성과 타락의 상징이다. 하지만 도박보험은 생명보험의 발전에 커다란 영향을 미쳤다.

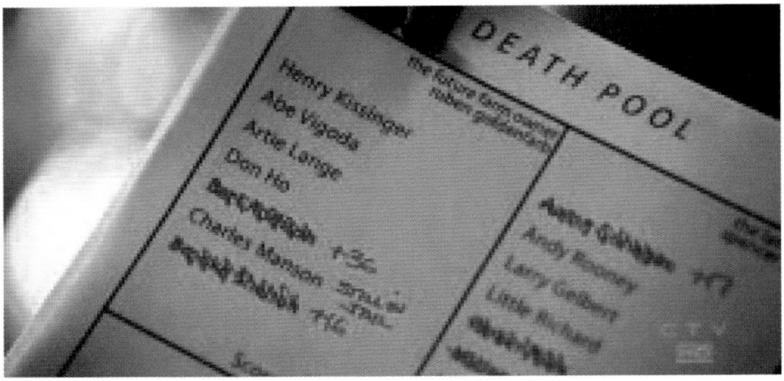

〈CSI Miami〉의 한 장면. 명단에 오른 이름 옆의 숫자는 80세에서 사망한 나이를 뺀 숫자다.
숫자의 합이 가장 높은 사람이 이기므로 자신이 고른 사람이 일찍 죽을수록 유리하다.

생명보험의 유래는 고대 로마 시대의 병사조합이나 수공업자조합과 같은 상호부조에서 찾아볼 수 있다. 원래 장례 비용을 마련하기 위해 출발한 이들 조합은 시간이 흘러 조합원의 사망 시 유가족에게 생활비를 지급하는 기능을 갖추게 된다.

그런데 고대의 생명보험은 오늘날의 생명보험과 비교할 때 두 가지 점에서 근본적인 차이가 있다. 첫째, 보험계약자에게 피보험자의 생사로부터 경제적 이해관계를 갖는 피보험이익을 요구하지 않았다. 둘째, 수리적 원리가 아닌 직감이나 경험을 가지고 피보험자의 사망 확률을 추정했다. 결국 누구든지 주먹구구식으로 계산된 보험료를 내고 알지도 못하는 사람이 죽었을 때 보험금을 받는 보험에 가입할 수 있었다. 한마디로 생명보험과 도박의 경계가 희미했던 것이다.

그런데 이처럼 어처구니없는 생명보험은 오랜 세월 동안 높은 인기를 누렸다. 독일 보험학자 하인리히 브라운Heinrich Braun의 생명보험사에 의하면, 이 같은 보험들이 중세의 십자군 기사부터 영국의 국왕 찰스 2세까지 다양한 사람들을 대상으로 팔렸다. 1661년 영국에서 20실링의 보험료를 내고 당시 망명 중인 국왕 찰스 2세가 12개월 이내에 왕위를 회복하면 20파운드를 지불하는 보험에 대해 내기에 진 사람에게 그 지불을 명하는 판결이 있었다.

이처럼 도박보험이 유행하자 네덜란드, 프랑스, 이탈리아 등 유럽 각국에서는 생명보험 금지령까지 내리게 된다. 그 명분은 자유시민의 생명에 대해 화폐 가치를 설정하는 것이 허락될 수 없으며, 그 대상으로 하는 계약은 위법이라는 로마법에서 찾았다.[19)]

하지만 오늘날 보험제도를 가능케 한 피보험이익이란 개념이 도입된 것은 1774년 영국에서 생명보험법Life Assurance Act이 제정되면서부터다. 이 법은 도박법Gambling Act이라고도 불리는데, 생명보험에서 피보험자의 생사에 이해관계가 없는 자가 피보험자를 대상으로 가입하는 생명보험을 불법화함으로써 생명보험에서 도박의 요소를 제거하였다.

그럼에도 불구하고 로이즈 오브 런던의 기념관에 나폴레옹이 1813년 6월 21일 이전에 사망 또는 체포되느냐를 놓고 도박을 벌인 보험증서가 전시되어 있는 것을 보면 도박보험을 근절하지는 못했다. 그로부터 200년이 지나서도 도박보험을 소재로 한 드라마가 나왔으니 말이다.

인도의 보험회사 브로슈어에 실린,
처남을 피보험자로 하는 보험에 가입할 수 없다는 만화
출처: www.securenow.in

톤틴을 풍자한 만화
출처: www.streighdope.com

역사상 최악의 금융제도, 톤틴

한편 17세기 유럽에서 톤틴tontine이 등장한다.[20] 톤틴에는 다양한 방식이 있는데, 그 가운데 하나를 소개한다. 정부에서 톤틴을 설립하면 연령 그룹별로 분류된 동수의 가입자들이 일정한 자금을 투자한다. 정부는 자금을 운영하여 일정한 투자수익을 투자자에게 배당한다. 이 때 가입자의 배당은 그가 속한 연령별 그룹에서 정한 대표자tontinist의 연령이 높아질수록 올라간다.

만약 대표자가 사망하면 그 그룹에 대한 배당은 대표가 살아 있는 다른 그룹으로 간다. 결국 대표자가 최후까지 살아남은 그룹에서 모든 배당금을 챙기게 되며, 이 과정은 최후의 가입자가 남을 때까지 지속된다. 그리고 그마저 사망하면 모든 자금은 정부의 것이 된다. 따라서 톤틴에서는 대표자의 장수가 매우 중요하다. 이 때문에 제노바의 투자자들은 1777년 아일랜드의 톤틴에 가입하기 전 그 지방에서 장수 가문을 찾기 위해 의사의 조언을 구하기까지 했다고 한다.

또한 왕족들이 대표자로 종종 등장하는데, 1789년 영국의 마지막 톤틴에 등장한 조지 3세는 당시 이미 51세였음에도 불구하고 1820년까지 사는 바람에 많은 사람들을 기쁘게 해주었다. 반면에 형장의 이슬로 사라진 마리 앙투아네트는 1777년 아일랜드의 톤틴에 대표자로 선정된 바 있다.

톤틴은 이탈리아 나폴리 출신 풍운아인 톤티Lorenzo de Tonti가 프랑스의 루이 14세 치하에서 고안한 제도다. 톤티는 프랑스에서 첫 톤틴이 시행되기 5년 전에 사망한다. 오랜 전쟁으로 재정 파탄 직전에 처했던 프랑스 왕실에게 톤틴은 그야말로 가뭄에 내린 단비 같았다. 더욱이 톤티가 제안한 보장수익률은 연 4.1%로 국가의 부담도 적었다.

루이 14세의 톤틴은 최초 가입자로부터 300루브르씩 거두어 140만 루브르를 조달한다. 이 톤틴의 최후 가입자는 1726년에 96세로 사망한 바비에Charlotte Barbier라는 미망인이었는데, 그녀에게 마지막으로 지불된 금액은 무려 73,000루브르에 달했다고 한다.

톤틴은 다른 가입자가 일찍 죽을수록 나에게 유리한 제도다. 따라서 톤틴은 도박보험처럼 도덕적으로 문제가 있는 제도였고, 처음에는 국가에서 독점했지만 18세기에 들어 개인이 톤틴을 세우면서 곧 비리의 온상이 되어버린다. 프랑스의 국영 톤틴은 루이 16세의 처형으로 40만 프랑을 허공에 날리면서 문을 닫게 된다.
영국도 프랑스에 맞서 1693년에 톤틴을 설립하였는데, 가입자들이 너무 오래 사는 문제에 직면하게 된다. 초기의 톤틴에서 남녀 구별 없이 가입을 허용하는 바람에, 5세 전후 여아의 가입이 활발하게 이루어졌다. 너무도 당연하게 톤틴에서는 일찍 가입할수록 그리고 사망률이 낮은 여성이 가입할 때 유리했기 때문이다. 결국 영국 왕실도 약속한 배당금 부담을 이기지 못하고 톤틴을 폐지하게 된다.
톤틴은 생명보험보다는 종신연금에 가까운 제도였다. 톤틴은 근대에 보험제도의 보급에 커다란 공헌을 했지만 타인의 불행이 나의 행운으로 이어지는 왜곡된 원리로 인해 쇠락의 길을 걷게 된다.

이것이 없으면 보험은 없다

오늘날에는 피보험이익의 유무에 따라 도박과 보험의 경계는 확연하게 구분된다. 피보험이익insurable interest란 보험의 대상이 되는 목적물에 손해가 발생할 때 피보험자가 갖는 경제적 이해관계를 뜻한다. 현대의 보험계약에서는 피보험이익이 없는 보험계약은 아예 무효가 된다.
우리나라의 대표적인 아이돌 그룹인 〈소녀시대〉를 너무 좋아하는 열성팬이 〈소녀시대〉 멤버가 부상당하면 어쩔까 걱정이 되어 상해보험을 들 수 없다. 그 이유는 한 멤버가 다쳤다고 그 팬이 직접적으로 경제적 손해를 입은 것은 아니기 때문이다. 물론 그 팬은 정신적 충격으로 일상생활을 유지할 수 없다고 주장할지 모른다. 하지만 그가 〈에이핑크〉 팬으로 돌변한다면, 그리고 만약 그런 보험이 가능하다면, 그때부터 〈소녀시대〉의 멤버가 다치면 보험금을 받으므로 내심 제발 다쳤으면 하고 바랄지 모른다. 그래서 〈소녀시대〉의 상해보험은 멤버 자신이나 소속사인 SM엔터테인먼트가 가입하게 된다.

〈CSI Miami〉에서 연예인을 죽인 사람은 강도가 아닌 권총 주인의 아내였다. 남편이 그 여성에 돈을 건 것을 알고는 일확천금을 노리고 살해한 것이다. 이런 맥락에서 보험에서 '피보험이익이 없으면 보험도 없다'라는 원칙은 매우 중요한 것이다.

피보험이익의 원칙 이외에도 통계학에 기초한 보험수리가 있었기에 현대의 보험제도가 완성될 수 있었다. 통계학이 없었다면 보험은 존재하지 않았다고 해도 과언이 아니다. 2007년 금융위기를 계기로 다시 주목받았던 피터 번스타인Peter Bernstein은 자신의 저서『리스크』에서 통계학의 발전이 인류 문명에 끼친 영향을 잘 설명하고 있다.

이 책의 원제목은 "Against The Gods"(신들을 거스르다)인데, 번스타인은 서문에서 우리가 리스크를 지배할 수 있게 됨으로써 인류는 신의 변덕에 따라 좌지우지되는 것으로부터 벗어날 수 있다고 말한다.

위험 또는 리스크를 측정하는 방법은 다양하지만 평균과 분산이 보편적으로 활용된다. 평균과 분산은 인간으로 하여금 미래를 과학적으로 예측할 수 있도록 돕는다. 통계학의 발달은 보험수리라는 독특한 학문을 낳았다. 보험의 기초인 대수의 법칙은 17세기 수학자 베르누이Jakob Bernoulli(1654~1702)의 의해 정립되었고, 그 후로 100년이 지나 포아송Poisson에 의해 그 이름이 붙여진다.[21)]

또한 최초의 생명표는 핼리혜성을 발견한 천문학자 에드먼드 핼리Edmond Halley (1656~1742)에 의해 만들어졌다. 핼리는 폴란드의 브레슬라우Breslau란 도시에서 1687년부터 1691년 사이에 있었던 출생 및 사망 기록을 면밀히 관찰하고 인간의 사망률을 추정하는 논문을 발표했다. 그가 내딛은 보험수리의 첫 발은 흑사병 이후 인구통계에 관심을 갖게 된 유럽 학자들의 연구를 집대성한 결과였다. 그러므로 보험의 재료는 평균과 분산이라고 해도 과언이 아니다.

보험회사는 여러분이 승용차를 몰 때 사고를 낼 확률과 사고 규모의 분포를 알기에 자동차 보험료를 계산할 수 있고, 여러분이 연령별로 올해 안에 사망할 확률을 추정하기 때문에 생명보험을 판매할 수 있다. 보통 1년 단위로 판매되는 손해보험과 달리 장기계약인 생명보험에서는 오늘 낸 보험료와 10년 뒤의 보험료의 가치가 다르므로 보험료를 계산할 때에는 이자율을 고려한다. 따라서 손해보험의 재료는 손해의 확률이면 충분하지만 생명보험에서는 사망확률 이외에 이자율도 있어야 한다. 이에 대한 자세한 설명은 마지막 장에 있다.

도박과 보험의 차이

도박도 확률에 의존한다. 포커 게임에서 가장 높은 족보인 로열스트레이트 플러시를 잡을 확률은 0.000154%인 반면, 가장 낮은 족보인 원페어를 잡을 확률은 42.26%다. 확률을 기반으로 이루어지는 행위라는 측면에서 보면, 보험과 도박의 차이는 없다. 그래서 보험도 도박의 한 종류라고 생각하는 사람들이 적지 않은 것이다.

하지만 보험은 손실을 보상받아 원래의 상태로 돌아가려는 제도인 반면, 도박은 손실을 무릅쓰고 커다란 이익을 취하려는 행위다. 보험이 돈을 내고 위험을 피하는 제도라면 도박은 돈을 내고 위험을 즐기는 게임이다. 그런데 보험사고가 나지 않으면 보험료는 도박에서 날린 돈과 마찬가지라는 주장도 있다. 하지만 보험계약자가 보험료로 사는 것은 보험금이 아니라 보험금 지급 약속과 그로 인한 안심이다.

도박꾼도 판돈으로 사는 것은 거금이 아니라 거금을 딸 수 있다는 기회와 희망이라고 얘기할 수 있다. 하지만 손실이 한정적이기에 보험료도 한정적인 반면, 판돈에는 제한이 없으며 제한이 있더라도 그 참가 횟수는 늘어나기 마련이다. 그리고 보험과 도박에서도 똑같이 대수의 법칙이 적용된다. 보험에서는 이 법칙은 보험에 참가하는 다수의 계약자 사이에서 성립된다.

하지만 이 법칙은 도박에서는 불행히도 도박꾼이 아닌 도박장을 위해 존재한다. 도박꾼이 끊임없이 같은 게임을 반복하기 때문에 카지노는 도박꾼 대비 약간 높은 승률로 돈을 벌게 된다. 도박꾼에게 가장 유리하다는 블랙잭에서도 카지노의 승률은 도박꾼에 비하여 0.2~1% 정도 높다. 대수의 법칙에 따라 도박꾼이 게임을 많이 할수록 카지노가 유리하게 된다. 이런 이유로 도박에서는 초보자는 행운beginner's luck이 따르지만, 오래 머무는 꾼들은 패가망신하기 마련이다. 보험과 도박 모두 확률에 기초한다고 하지만, 도박에서 승패를 결정짓는 것은 확률이 아닌 도박꾼의 대담함과 감각이다. 전문적인 도박꾼의 세계에서는 확률 계산은 누구나 갖춘 기본기이므로 강점이 되지 않는다. 그러기에 보험은 인간의 소심함 때문에 가능하고, 도박은 인간의 오만과 탐욕이 만들어낸 작품이다.

더욱이, 보험은 중독은커녕 회피해서 문제이지만 도박은 중독자를 양산한다. 애덤 스미스Adam Smith는, 도박은 "인간 대다수가 그들 자신의 능력에 대해 갖고 있는 오만한 자부심과 그들 자신의 운에 대한 터무니없는 신뢰에서 비롯되는 것"이라고 단언했다.

보험과 같은 비상대책이 없이 이 세상을 살아가는 사람들이야말로 소중한 인생을 놓고 매일 도박을 하는 것과 다르지 않다.

이론에서 현실로

올드보이
오리지널과 가리지널

How much your life worth?
당신의 생명은 얼마짜리?

서바이벌 게임
무보험자의 변명

올드보이_
오리지널과 가리지널

영화제작이 위험한 투자이지 않습니까? ○○부에서 요새 〈올드보이〉로 불기 시작한 한류를 지원할 방안으로 영화제작보험을 생각하고 있는 것 같습니다. 저희에게 검토해달라고 요청이 왔는데, 어떻게 생각하세요?

말도 안 되죠! 영화투자를 하는데 원금을 보장하는 보험이 있다고 하면, 아무나 영화 만들겠다고 나설 것이고, 수준 이하의 작품들이 쏟아져 나올 테죠. 그런 보험은 얼마 못 가 망합니다.

내가 오래전 금융위원회에서 나누었던 대화다. 당시 박찬욱 감독의 〈올드보이〉가 국내에서 크게 성공하고 해외에서도 상당한 반향을 일으키면서,

드라마 〈대장금〉으로 시작된 한류가 영화로까지 확대되지 않을까 기대가 크던 때였다. 그래서인지 일부이지만 돈 많은 부인들이 영화에 투자한다며 영화 시나리오를 핸드백에 넣고 다니던 시절이었다.
영화는 흥행 여부를 그 누구도 예측하기 어렵기 때문에 투기에 가까운 사업이다. 〈올드보이〉의 성공에 고무된 관련 공무원이 영화 투자금을 보장하는 보험을 만들면, 투자자가 안심하고 영화 사업에 뛰어들어 〈올드보이〉가 많이 나올 것이라 생각하고는 그 아이디어가 괜찮은지, 간을 보려고 금융위원회에 슬쩍 문의를 했던 것 같다. 어쩌면 여러분도 좋은 생각이

〈2003년 올드보이〉

〈2013년 올드보이〉

라고 동의할지 모르겠다.

하지만 이처럼 순진한 보험이 만들어지면 오리지널 〈올드보이〉가 아니라 이른바 가리지널 〈올드보이〉가 쏟아진다. 스파이크 리Spike Lee 감독이 박찬욱 감독의 〈올드보이〉를 보고 감명 받아 3천만 달러를 들여 만든 리메이크 작품은, 2013년 미국에서 추수감사절 대목에 개봉했지만 5일 동안 125만 달러의 성적을 내며 참패한다.[22]

내가 읽어 본 이 영화에 대한 가장 우호적인 평은 스파이크 리가 박찬욱에게 보내는 존경 어린 오마주hommage 정도였다.[23] 장도리를 들었다고 누구나 〈올드보이〉가 되는 것은 아니지 않는가.

투기위험 vs 순수위험

영화투자보험이 실패할 수밖에 없는 이유는 투기위험 때문이다. 투기위험speculative risk이란, 어떤 행동의 결과가 이익 또는 손해로 나타나는 위험이다. 바꿔 말하면, 주식투자처럼 이익을 볼 수 있지만 손해도 볼 수 있는 경우가 투기위험인 것이다.

만약 주식투자손실을 보상하는 보험이 있다면, 투자자들은 이 보험에 가입한 후 대박을 노리는 무리한 투자를 하게 된다. 원금이 보전되므로 확률은 낮지만 대박을 터트릴 주식에 투자하는 것이 전략적으로 유리하기 때문이다. 그 순간 투자는 도박으로 변질된다.

그 결과 많은 사람이 손해를 볼 것이며, 보험금을 지급할 적립금은 순식간에 바닥이 난다. 또한 투자자가 신중한 작품 선정과 제작의 어려움을 감수할 유인이 떨어진다. 그리고 끝내는 너무나 쉽게 만들어진 영화가 쏟아져 나와 그만큼 우리 사회의 자원이 낭비되는 결과를 낳게 되는 것이다.

다행히 보험은 투기성이 배제된 순수위험pure risk을 다룬다. 순수위험은 어떤 행위로 말미암아 나타날 결과가 일상의 상태 아니면 손해인 경우를 뜻한다. 순수위험은 잘해야 본전인 상황에서 존재한다.
예를 들어, 운수업자가 아니라면 여러분은 영리를 목적으로 자동차를 운전하지는 않는다. 거의 모두 온전한 상태로 자동차를 이용하는데, 극히 일부만이 자동차사고에 엮기는 운수 사나운 날을 맞는다. 따라서 대박날 일은 증권회사에게 던져주고, 보험회사는 쪽박날 일만을 다루다보니 업의 성격상 다이내믹한 경영을 찾아보기 어렵다.
보험회사는 돌다리도 한 번이 아닌 두 번을 두드리며 건너는 신중함을 지니고 있기 때문에, 답답할 정도도 꼼꼼하다. 삼성전자가 반도체 투자하듯이, 삼성생명이 모험적인 경영을 했다면 일찌감치 문을 닫았을지도 모른다. 이것저것 쉽게 팔아댔다가는 처음에는 보험료가 많이 들어와서 회사가 성장하는 것처럼 보이겠지만, 그 이후에 예기치 못한 보험금으로 파산에 이를 수 있다.

9.11테러와 타이세이의 추락

2001년 9월 11일 오전, 뉴욕의 세계무역센터World Trade Center 빌딩에 보스턴에서 이륙한 아메리칸 항공 11번기와 유나이티드 항공 175번기 2대가 충돌하는 최악의 테러가 발생한다. 또 다른 아메리칸 항공사 여객기는 워싱턴D.C.의 펜타곤으로 돌진했고, 네 번째 항공기인 유나이티드 항공 93번기는 펜실베이니아 주의 들판으로 추락한다.

93번기는 4명의 납치범들을 승객들이 저지하는 과정에서 추락한 것으로 추정되었다. 승객들의 용감한 행동은 여객기 번호를 딴 〈United 93〉이란 영화로 2006년에 제작돼 세상에 알려졌다.

당시 붕괴된 세계무역센터의 피해액은 천문학적인 수치에 달했지만, 대형 여객기 4대의 피해액도 3억 8500만 달러에 이르러 항공보험 역사상 가장 큰 보험금이 지급되기도 했다. 여객기 항공보험은 보험금 규모가 보험회사 혼자 감당하기에 벅차므로 재보험을 통해 그 위험을 보험회사끼리 분담한다.

재보험은 보험회사를 위한 보험이니만큼 오랜 경험과 분석력에 자금력이 결합한 대표적인 첨단금융 분야다. 그리고 항공기 재보험은 하나가 아닌 여럿이 참여한 재보험 풀pool의 형태로 처리되는데, 아무나 풀에 들어가는 것이 아니고 이른바 선수급만 입장이 허용된다.

그런데 9.11테러가 발생한 이후 두 달 뒤 일본의 중견 손해보험회사인 타이세이 화재해상보험이 자본을 400억 엔이나 잠식한 채 도쿄 법원에 파산을 신청한다. 타이세이가 추락한 항공기에 대한 재보험 풀에 참여하는 바람에 무려 740억 엔에 이르는 보험금을 지급한 탓이다.

원래 타이세이는 연 890억 엔 매출에 4100억 엔의 자산을 보유한 튼튼한 보험회사였다. 또한 이 회사는 일본 보험감독당국에서 요구하는 지급여력 비율 200%를 훨씬 상회하는 815% 지급 여력을 갖추어 재무상태도 우수했다.[24] 그러나 타이세이의 경영진은 자신들이 참여한 항공기 재보험 풀의 위험성을 전혀 인식하지 못했다.

이 회사는 미국의 포트리스 재보험회사Fortress Re와 30년 가까이 재보험 거래를 했고, 그러다 보니 재보험 관련 일을 모두 포트리스에 일임해왔다. 하지만 포트리스는 인수한 위험을 회계장부에서만 다른 재보험회사에게 위험을 분산시킨 것처럼 꾸몄을 뿐 그대로 안고 있었다. 이처럼 자신이 인수한 보험이 어떻게 처리되는지 몰랐던 안일한 경영진 덕분에 수십 년 역사를 가진 타이세이는 비행기 4대와 함께 추락한다.[25]

〈United 93〉

〈재보험이란 무엇인가?〉

보험회사는 자신이 보유한 위험이 지나치게 크다고 판단할 때 재보험reinsurance을 이용한다. 재보험회사는 보험회사를 위한 보험을 취급하는 만큼 보험회사를 능가하는 자본력과 기술력을 갖추고 있다. 따라서 유럽과 미국의 대형 재보험사들이 세계 보험시장을 지배하고 있다고 해도 과언이 아니다. 우리나라의 유일한 재보험회사인 코리안리Korean Re도 매출액으로는 아시아 1위, 세계 9위의 규모를 자랑한다.

보험금의 예측이 어려운 손해보험은 재보험에 크게 의존한다. 대형 물건의 경우에 손해보험회사는 재보험회사와 보험요율 등을 미리 협의한 후 인수를 진행할 때가 많다. 그런데 우리나라에서 대형 보험사고가 발생했을 때 외국의 재보험회사에서 상당 부분을 지급하니 우리나라 손해보험회사의 부담은 거의 없다는 식의 뉴스가 자주 나온다. 하지만 여러분이 모르는 사실이 있다.

나로 호의 3차 발사 때 한국항공우주연구원이 가입한 2천억 원 상당의 보험 중 95%를 로이즈가 인수했다. 이를 거꾸로 보면, 우리나라 손해보험회사 컨소시엄이 받은 보험료의 95%가 런던으로 넘어갔다는 뜻이다. 100원을 받아 95원을 넘겼다면 우리나라 손해보험회사는 보험회사라기보다 보험중개인broker에 가깝다. 영국에서 인공위성을 발사할 때 우리나라 보험회사가 그만큼 재보험을 들어주면 서로 상쇄가 되겠지만, 이제야 코리안리가 로이즈에 진출하니, 아직은 먼 이야기다. 로이즈는 치밀한 계산과 노련한 경험으로 실패가 거의 없는 발사 전 보험만 인수하고 알토란 같은 보험료를 대부분 챙긴 셈이다. 로이즈는 대한민국의 로켓발사 경험이 많지 않으므로 발사 후 보험 등 사고발생 확률이 큰 보험은 보험료를 감당하기 어려울 정도로 크게 불렀던 것이다. 따라서 자랑이 아닌 창피한 뉴스다. 덩치만 큰 우리나라 손해보험회사와 재보험회사는 기술력에서 갈 길이 아직도 많이 멀었다. 재보험은 자본과 기술력은 물론 대단히 역동적인 첨단 분야이기 때문에 유능한 젊은이들이 꿈을 펼쳐볼 만한 곳이다.

How much your life worth?_
당신의 생명은 얼마짜리?

이론적으로는 생명은 가격을 매길 수 없습니다.

하지만, 보험회사에게 그 가치는 5만 달러입니다.

달리 말하면, 만약 1년 동안 그럭저럭 생명을 보장하기 위해 드는 치료비가 5만 달러 이상이라면 그럴 가치가 없다는 것입니다.

하지만 절망하지 마십시오.

보험회사들이 매기는 생명의 가치는 청부살인업자의 가격보다 높습니다.

총잡이를 고용하는 평균비용은 약 1만 3천 달러입니다.

이것은, 생명보험을 설명하기 위해 어떤 영화를 고를까 인터넷을 이리저리 뒤지다가 〈당신의 생명은 얼마일까요〉란 제목을 단 유튜브Youtbe 동영상에서 발견한 글귀다. 제작자인 버즈피드BuzzFeed는 흥미로운 사건이나 현상 등을 편집하여 인터넷에 올리는 사이트로, 유튜브에서만 100만 명이 넘는 구독자를 확보하고 있다.

유튜브는 〈강남스타일〉을 노래한 가수 싸이를 하루아침에 세계적인 스타로 만든 것처럼, 대중에 대한 영향력이 대단한 사이트이다. 제작자의 노력은 나름 가상하지만, 아래의 안내 화면처럼 그 내용이 선정적이며 왜곡되어 있다.

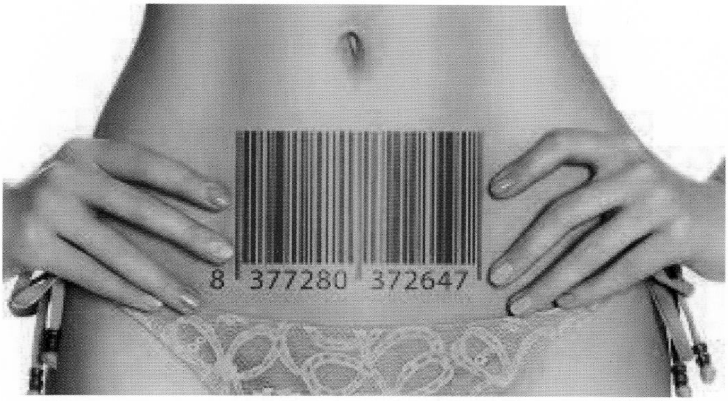

〈당신의 생명은 얼마인가요?〉의 유튜브 동영상 첫 화면

보험계약은 부합계약

확실치는 않지만, 나는 유튜브 제작자가 어떤 근거로 그런 주장을 하는

지 곰곰이 생각한 적이 있다. 그 결과 생명보험회사에서 판매하는 건강보험에서 치료비 보상 한도를 연 5만 달러로 제한한 것을 보고 그랬다는 결론에 도달했다. 하지만 그 사람이 생명보험이 부합계약附合契約이란 사실을 알 리 없다.
부합계약에서는 계약 당사자 중 어느 한쪽에서 계약을 일방적으로 만들고 상대방이 여기에 동의하면 계약이 맺어진다. 따라서 일방이 만든 내용에 대하여 상대방이 그 일부만 변경하는 것을 조건으로 계약을 맺을 수 없는 것이다. 여러분이 자동차보험을 가입할 때 주어진 약관을 따를 뿐, 이것저것 입맛에 맞추어 고칠 수 없는 것도 바로 보험계약이 부합계약이기 때문이다.
보험계약이 부합계약인 이유는 보험회사가 수많은 보험계약자에 맞추어 일일이 계약을 따로 만든다면 너무나 번거로울 뿐 아니라, 다양한 계약자의 특성 속에서 보험계약자 간 공평성(위험에 비례한 보험료)을 지키기 어렵기 때문이다.

한편, 보험회사는 소비자의 니즈와 보험회사의 수지를 동시에 맞추려고 고민한다. 사실 상품개발에서 보장을 넓고 두껍게 하면서 가격 경쟁력을 갖추기란 무척 어려운 과제이다. 여기에 비용과 이윤도 얹어야 하니, 보험회사는 온갖 수단을 강구하며 이리 뜯어보고 저리 계산하는 것이다. 따라서 보험회사가 치료비 한도를 연간 5만 달러짜리 상품을 냈다면, 시장의 니즈가 있기 때문에 그런 것이다.

동영상의 배경인 미국의 건강보험시장은 수백 개의 건강보험회사가 있어 충분히 경쟁적이므로 보험료를 함부로 올리지도 못한다. 보험계약이 부합계약이므로 그 보험에 가입한 사람들은 보장내용에 대해 이미 동의했다는 의미다.

만약 소비자가 5만 달러 한도가 너무 낮다고 생각하면, 더 많은 보험료를 내고 10만 달러짜리 보험을 가입하면 된다. 보험계약자가 선택한 결과를 놓고 보험회사가 인간 생명의 가치를 연 5만 달러로 여긴다고 비아냥거리면, 무지의 소치가 아닐 수 없다.

에두아르도 포터Eduardo Porter는 『모든 것의 가격The Price of Everything』에서 흥미로운 조사 결과를 소개하고 있다.[26] 누군가 미국 위스콘신 주의 병원 응급실을 조사해보니 대형 교통사고를 당한 응급환자가 건강보험을 가지고 있으면 평균 9.2일을 입원하고, 그렇지 않으면 평균 6.4일만 입원했고, 병원은 건강보험 환자에게 평균 3,300달러의 치료비를 더 사용했다는 것이다. 당연히 건강보험이 없는 부상자가 사망할 확률이 40%나 더 높았다.

포터는 만약 병원이 건강보험환자와 비건강보험환자를 똑같이 진료했다면 한 사람의 생명을 구할 때마다 22만 달러의 비용이 들었을 것이고, 따라서 연장된 생명 1년당 약 1만 1000달러에 비용이 들었다고 결론을 낸다. 이쯤에서 연 5만 달러의 치료비 한도를 가진 건강보험에 대한 판단은 여러분에 맡긴다.

생명보험 전매제도

기왕 생명의 가치를 다룬 김에 생명보험 전매제도를 빼놓을 수 없다. 나는 2012년 겨울, 생명보험협회의 의뢰를 받아 초중등학교 교사들에게 보험의 원리를 강의한 적이 있다. 강의를 마치고 질문 시간에 어떤 분이 손을 들어 생명보험 전매제도를 물었다.

내심 놀란 나는 전문가 정도가 아는 제도를 어떻게 아느냐고 묻자, 그는 요새 애들이 그런 질문을 한다고 했다. 그때 문득 마이클 샌델Michael Sandel이 『돈으로 살 수 없는 것들What Money Can't Buy』에서 이 제도를 설명한 것이 생각났다. 2010년 『정의란 무엇인가Justice』가 베스트셀러로 오르며 우리 사회에 "정의론" 열풍을 불러온 정치철학자의 저서가 어린 학생의 손에도 쥐어지는 어설픈 조기교육 세태를 실감하는 순간이기도 했다.

생명보험 전매제도는 샌델의 언급처럼, "아프거나 나이 든 사람이 가지고 있는 생명보험 증권을 사서, 피보험자가 살아 있는 동안 보험료를 불입하고 그가 사망하면 사망보험금을 수령하는 보험의 종류에 따라 수백만 달러에 이를 수 있는" 거래이다.[27)]

보험계약자가 파는 금액은 해약 시 받을 환급금보다는 높고 예정된 보험금보다는 낮은 수준이 된다. 보험계약을 사는 제3자는 피보험자의 잔여수명과 이자율 등을 고려하여 금액을 지불하는데, 만약 피보험자가 예상보다 오래 생존하면 그만큼 이자비용이 높아져 손해를 보게 되고, 예상보다 단명하면 이득을 보게 되는 것이다.

미국에서는 보편화된 이 제도는 1989년 보험대리점을 운영하던 롭 올리Rob Worley로부터 시작된다. 그는 우연히 라디오에서 말기의 에이즈 환자가 생명보험 계약을 팔기를 원하지만 보험회사에서 허락하지 않아 어려움을 겪고 있다는 이야기를 듣고서, 리빙 베네핏Living Benefit이라는 전매회사를 차린다.
초기 생명보험 전매는 비아티칼 세틀먼트Viatical Settlement라는 이름으로 생활비나 의료비를 감당하기 어렵고 대부분 잔여수명이 2년 이내인 환자를 대상으로 이루어졌다. 그러다가 1990년대 중반부터 이 제도는 배우자와 이혼하거나 사별하여 더 이상 보험이 필요 없는 고령자까지 확대되었다.[28)]
생명보험 전매제도는 미국 생명보험 개인시장의 2% 정도를 차지하는 것으로 추정되는데,[29)] 각 주는 아예 생명보험 전매제도를 감독하는 법규까지 마련할 정도다.

생명보험 전매제도를 둘러싸고 적지 않은 논란이 있다. 시장의 합리성과 효율성을 주목하는 학자들은 대체로 긍정적으로 평가한다. 하지만 시장주의가 우리 사회의 모든 영역을 지배하는 데 거부감을 느끼는 샌델 같은 사람들은 부정적이다.
나 역시 심정으로는 사망자로부터 이윤을 얻을 수 있는 사람은 장의사면 충분하지 않겠나 싶지만, 금융보험의 원리로 보면 딱히 반대할 이유를 찾지 못했다. 생명보험도 17세기까지 유럽에서는 자유시민의 생명에 대해 어떤 화폐적 가치를 설정하는 것은 허락될 수 없다는 로마법의 기본 개념

에 따라 금기시되었던 역사를 가지고 있다.[30)]

그런데 우리나라에서 생명보험 전매제도가 제안된 계기가 흥미롭다. 미국처럼 시장의 요구에 의해 나오질 않고, 시장을 규제할 목적으로 논의가 시작되었다. 내가 아는 한 2010년을 전후로 당시 민주당 박선숙 의원이 제도 도입을 추진하였는데, 그 배경에는 보험계약자 보호가 있었다.

보험계약자가 중도에 해약할 경우, 해약환급금이 절반도 안 될 때도 있으니 보험계약을 해지하는 것보다 정당한 대가를 받고 계약을 양도할 수 있게 하는 것이 사회적 약자 보호를 위해 바람직하다는 취지에서였다.

이러자 생명보험회사를 비롯한 일부 학자들은 생명보험 전매제도의 문제점과 부당함을 지적한다. 미국의 사례를 보면, 전매회사가 70세 이상 고령자에게 뇌물을 주고 고액보험을 가입하게 한 후 이 계약을 즉시 매입해, 이들이 사망하면 보험금을 타가는 일이 발생할 수 있으며, 이 같은 일이 벌어질 경우 불필요한 보험금 지급으로 보험료가 인상되어 선의의 보험계약자가 피해를 보게 된다는 게 그 핵심이었다.[31)]

또한 보험회사가 전매회사의 입지를 좁게 만들기 위해 전략적으로 보험료를 올릴 가능성도 있다. 양쪽의 주장 모두 나름 설득력이 있다. 하지만 내가 흥미를 느끼는 것은 샌델의 철학에 가까울 것 같은 진보적인 국회의원이 다분히 시장주의적인 제도를 들고 나왔고, 반면에 평소에 그리도 시장을 옹호하던 측에서 반론을 폈다는 사실이다.

이처럼 정체성이 헷갈리는 주장 속에서도 분명한 메시지가 존재한다. 이 제도가 논의되고 있다는 사실만으로도 과도한 수수료로 인해 해약환급금을 크게 줄여왔던 보험회사들에게 경고가 된다. 만약 그 같은 행태가 개선되지 않는다면, 생명보험 전매제도가 출현할 기회는 점점 높아질 수밖에 없다.

서바이벌 게임_
무보험자의 변명

저 뚱보 믿을 만해? (루이스가 뒤차를 흘긋 보며 에드에게 묻는다.)

누구? 바비? 그럼 자기 분야에서 꽤 똑똑한 친구야. 보험 쪽에서 일해.

보험? 제길(루이스는 맘에 들지 않는다는 듯 뇌까린다). 난 평생 보험을 든 적이 없어. 보험 따위는 믿지 않아. 위험이란 것은 없다고! (루이스는 차에서 내리면서 에드에게 자랑스럽게 말한다.)

사십 년 전 우리에게 〈서바이벌 게임〉이란 이름으로 개봉된 〈델리버런스 Deliverance〉에서 떠버리 루이스(버트 레이놀즈 분)는 보험을 한껏 무시한다. 이 영화는 미국 조지아 주 오지의 강에 카누를 즐기러 온 4명의 도시 남자들이 적대적인 산골 사람들로부터 탈출하는 모험을 소재로 했다.

〈서바이벌 게임〉은 미국 남부 특유의 끈적끈적한 음산함과 충격적인 동성 강간 등을 담으면서 1973년 아카데미 작품상과 감독상 등 3개 부문에 후보로 올랐던 스릴러물의 수작이다. 몇년 전 봉준호 감독도 영화 〈마더〉의 촬영기간 동안 이 영화를 다시 꺼내 보았다면서 영화 마니아의 기억을 새롭게 했던 적이 있었다.[32)]

매사 자신만만하던 루이스는 다리를 다치는 바람에 뚱보 바비와 에디의 도움으로 겨우 목숨을 건지지만, 영화 후반부에서는 아예 존재감조차 잃는다. 우리 주위에는 루이스처럼 보험을 애써 무시하는 사람들이 꽤 많다. 이 같은 행동은 전통적인 경제학 이론에서 보면 비합리적이다. 그렇다면 반대로 경제학 이론에서는 왜 보험가입을 합리적이라고 하는지에 대해 알아보자.

이 봐. 니키 집으로 가자. 집에 가자고. (마이클은 도박장에서 리볼버 권총에 총알 하나가 넣어지는 동안 니키에게 조용히 애원한다.)

내게 말 좀 해봐. (마약에 절은 니키는 머뭇거리다 또 총을 든다.)

……

원 샷. (니키가 묘한 미소를 지으며 말한다.)

원 샷, 원 샷. (마이클은 니키의 대답에 희망을 갖고 맞장구친다.)

그러나 니키는 친구의 손을 뿌리치고는 권총을 자기 머리에 대고 방아쇠를 당겼고, 총알은 발사된다.

50세 전후의 많은 이의 심금을 울린 〈디어 헌터Deer Hunter〉는 로버트 드 니로Robert De Niro, 크리스토퍼 월켄Christopher Walken, 메릴 스트립Meryll Strip 등 초호화 배역으로 1978년 아카데미 최우수작품상과 남우조연상 등 5개 부분을 수상한 반전反戰 영화의 백미다. 아마 이 영화에서 가장 유명한 장면은 논란이 분분했던 이른바 '러시안룰렛'Russian roulette 장면일 것이다. 펜실베이니아 주의 한 동네 친구들은 베트남에 참전하였다가 포로로 잡힌 후 구사일생으로 탈출한다. 마이클은 함께 귀국하지 않는 친구 니키를 찾으러 함락 직전의 베트남 사이공으로 간다. 그러나 니키는 고문 후유증으로 마약에 중독된 채 수용소에서 강요받았던 러시안룰렛에 빠져 있다. 러시안룰렛은 두 사람이 마주 앉아 리볼버 권총에 총알 한 발을 넣고 무작위로 약실을 돌리고는 자신의 머리에 대고 방아쇠를 당겨 쏘는 게임이다. 격발이 안 되면 다시 무작위로 약실을 돌려 상대방이 쏘고, 결국 1/6의 확률에 걸린 사람이 나올 때까지 방아쇠 당기기는 반복된다.[33)]

〈서바이벌 게임〉

〈러시안룰렛〉

러시안룰렛과 위험회피형 인간

나는 대학에서 위험의 본질에 대해 강의할 때 '러시안룰렛' 장면을 자주 예로 들어 설명한다. 그리고는 학생들에게 판돈으로 얼마가 걸리면 이 게임에 참여하겠느냐고 질문한다. 학생들 대부분은 황당하다는 표정만 짓는다. 학생 몇 명을 지목하며 일단 1억 원을 부른다. 당연히 '썩은 미소'만 날아온다. 그러면 바로 5억 원으로 올린다. 그 후로 이러기를 계속해서 고개를 끄덕일 때까지 금액을 올려본다. 지난 10년 동안 강의에서 이런 시도를 꾸준히 해본 결과, 가장 낮은 금액이 5억 원이었다(단 한 번이었다). 보통은 50억 원에서 머뭇거리다가 100억 원이라면 하겠다는 학생들이 나온다. 무슨 이런 짓궂은 질문이 있겠나 싶지만, 위험회피형risk averter 인간과 위험선호형risk lover 인간을 설명하는 예로는 제격이다. 여러분이라면 듣기에 따라서, 5억 원에 방아쇠를 당기겠다는 A는 위험선호형으로, 100억 원이면 해보겠다는 B는 위험회피형으로 생각하기 쉽다. 정상적인 사람이라면 러시안룰렛을 보는 것조차 싫어할 것이다.

따라서 A와 B에게 1억 원을 주고 현장으로 데리러 갔다고 가정하자. A와 B 모두 잔혹한 모습을 보고 싶지 않거니와 오발로 총에 맞을 수 있다고 걱정했기 때문이다. 그런 A와 B가 1억 원만 받고 게임에 직접 참여할 리 없다. 그래서 보상금을 올리자, A는 5억 원, B는 100억 원일 때 룰렛 게임에 참여한다.

더욱 위험한 행동을 하도록 개인을 유인하기 위해 추가적으로 지불해야 하는 대가를 위험프리미엄risk premium이라고 한다. 그렇다면 사망확률이 거의 0(오발로 맞을 확률)에서 1/6로 상승하면, A는 4억 원을 더 요구하지만 B는 훨씬 많은 99억 원은 추가로 보장되어야 한다. 그런데 총알을 하나 더 넣고(사망 확률이 1/3), 각각 보상금을 두 배로 올리면, 단언컨대 A와 B 모두 거절할 것이다.

정신이 나가지 않고서야 사망확률이 2배로 되었다고 2배만 받고 룰렛 게임에 참여할 리 없다. 10배쯤 준다면 몰라도 말이다. 이처럼 위험이 커지면 전보다 더 많은 위험프리미엄을 부르는 사람이 위험회피형이다. 따라서 A와 B 모두 위험회피형인 것이다. 단지 정도의 차이만 있을 뿐이다.

A가 정말 위험선호형이라면 1/3확률에서 5억 원이 아닌 7억 원이라도 기꺼이 방아쇠를 당길 것이다. 왜냐하면 A는 보상을 약간 더 올려준다면 얼마든지 더 큰 위험을 즐길 준비가 되어 있기 때문이다. 하지만 이 같은 사람들은 〈디어헌터〉의 니키처럼 그 무모함 때문에 지난 수십만 년 동안 천수를 누리지 못하고 저세상으로 사라져갔다.

따라서 지구 상에 70억에 이르는 위험회피형 인간들이 바글거리게 되었고, 경제학에서는 이런 인간을 합리적rational이라고 부른다.

위험회피형은 보험을 선호하나

지금부터 우리가 확률적인 상황에서 위험회피적 성향이 어떻게 나타나는

지를 살펴보자.

확률적인 의미에서 위험이란 예측과 달리 결과가 들쑥날쑥 하는 정도를 의미한다. 우리는 통계학을 빌려 평균average으로 결과를 예측하고 분산variance으로 결과의 들쑥날쑥함을 측정한다. 우리는 합리적이므로 평균(기대값)이 같다면 가능한 분산(위험)이 낮거나 분산이 같다면 평균이 높은 쪽을 선택할 것이다.

다시 새내기보험의 가상 세계로 돌아가자. 부모가 자식의 양육과 교육으로 1억 원을 지출했다고 치자. 자식이 사망할 경우 교육을 위한 투자는 손실로 끝난다. 남학생이 사망할 확률은 10만분의 41이므로 기대 손실(복잡하니 정신적 고통은 제외하고)은 사망확률에 손실액을 곱한 4만 1,000원이 된다. 보험회사도 같은 금액의 보험료를 제시했기 때문에 부모 입장에서는 보험에 가입하든 안 하든 손실 크기에서는 차이가 없다. 하지만 부모는 보험에 가입하면 만의 하나 불행한 일이 닥쳤을 때 확실하게 1억 원을 보장받는다. 학부모는 위험회피형이므로 비록 낮은 가능성이 있더라도 의외의 상황이 벌어지기보다 안정된 상태에 머무를 때 더 행복해진다. 이를 경제학에서는 효용utility이 높아진다고 부른다.

사람은 합리적이기 때문에 같은 값(기대 손실=보험료)이면 항상 더 높은 수준의 효용에 머무르기를 원한다. 그래서 학부모들은 빠짐없이 새내기보험에 가입할 것이다. 그런데 경제학은 한 걸음 더 나아가, 위험프리미엄을 주목한다. 우리는 더욱 위험한 일을 하게 되면 그에 상당하는 프리미엄을 원한다.

원자력발전소 근무자가 받는 위험수당도 여기에 해당한다. 이것을 반대로 생각하면, 안전한 상태에 머무르기 위해 우리가 기꺼이 위험프리미엄을 지불한다는 의미가 된다. 우리 주변에 그런 일은 얼마든지 있다. 따라서 경제학은 우리가 안심 또는 보장을 얻기 위해 웃돈을 얹어 주고서라도 보험에 가입할 것이라고 여긴다. 그러므로 새내기보험은 기대손실인 4만 1,000원에서 경비와 약간의 이윤을 붙여 5만 원에 내놓아도 팔릴 것이다. 이처럼 전통적인 경제학은 보험의 소비를 낙관적으로 바라본다. 그러나 이론은 이론일 뿐 현실은 전혀 그렇지 않다. 궁금하면 주위의 경제학 전공 교수들이 얼마나 보험에 가입했는지 물어보라. 여러분과 별반 다르지 않을 것이다.

프레임 효과에 갇힌 무보험

우리 주위에는 루이스와 같은 사람들이 적지 않다. 미국에서는 1920년대에 자동차가 보편화되면서, 자동차사고 사망자도 급증하였다. 당시 자동차로 사망한 미국인이 14만 명에 이르러 제1차 세계대전에서 전사한 미국인 12만 명보다 많았다.

하지만 놀랍게도 당시 미국의 운전자 중 20%만이 자동차보험에 가입한 상태였다.[34] 무려 5명 중 4명이 오로지 자신의 운만을 믿고 운전대를 잡았던 것이다. 따라서 자동차사고 시 유가족이나 부상자가 보상을 받기 위해 법정에서 기울인 시간과 노력은 엄청났다.
더욱이 가해자가 충분한 재산을 가지고 있지 못한 경우에는 해결할 방법이 없었다. 이렇듯 자동차보험 가입이 사회적으로 필요한 수준에 크게 미치지 못하자, 1940년대에 이르러 각 주 정부는 자동차 배상책임보험을 의무적으로 가입하도록 법을 만들게 된다.
우리나라도 자동차 대수가 3만 대 정도였던 1963년 자동차손해보상보장법을 제정하여 배상책임보험을 의무화하였다. 하지만 50년이 지난 지금 자동차 100대 중 6대가 보험에 들지 않고 돌아다니고 있는 실정이다.[35)]

불행은 남에게 일어나고 자신은 피해간다는 낙천적인 생각 때문에 우리는 보험에 가입하지 않는다. 보험에서 다루는 위험은 일단 발생하면 문제가 크지만 발생 확률은 낮다. 엊그제 문제가 없었고 어제도 그리고 오늘도 평온했으니, 우리는 내일도 무사할 것으로 기대한다. 그러므로 보험을 눈앞에 두고 우리의 사고와 행동이 선행된 경험에 의해 결정되는 프레임 효과 frame effect가 작동하기 쉽다.
사실 많은 사람들은 크고 작은 자동차사고를 눈으로 보고 귀로 들어왔으므로 자동차보험은 필요하다고 생각한다. 하지만 35세의 젊은 아빠는, 갑작스런 사망에 대비하여 가족에게 보험금 2억 원을 지급하는 종신보험을 앞에 두고서는 망설이게 된다.
우리는 35세 남성이 55세 이전에 사망할 확률은 4.2%란 것을 정확히는 모르지만, 어쩌다 한 명이 그에 해당할 것이라는 감은 있다. 더욱이 20년간 월납 보험료 30만 원 정도를 내야 한다는 설명을 들으면, 설마 내가 마이클 잭슨처럼 요절이라도 하겠냐는 생각을 하는 것이다. 그런데 그는 마이클 잭슨이 막대한 유산을 남겼다는 것까지는 미쳐 생각하지 못한다. 우리 사회가 이렇게 생각하는 사람들로 가득 찬다면, 100가족 중 4가족은 가장이 사고라도 당하게 되면 생계가 막막해질 수도 있다.
아무리 우리가 복지를 외쳐도 가족의 생계는 가장의 책임이며, 그 책임까지 전부 떠안겠다는 오지랖 넓은 정부는 없는 것이다.

보험모집이 필요한 이유

보험은 불의의 커다란 손해로부터 우리 자신과 가족을 지켜줄 뿐 아니라 나아가 사회안전망social safety-net 역할까지 한다. 사회안전망이란 그야말로 사회에서 개인이 불행의 나락으로 떨어지는 것을 막기 위해 마련한 장치로서, 국방이나 치안에서부터 각종 사회보장제도에 이르기까지 그 형태는 매우 다양하다.
그런데 모든 사회안전망을 국가에서 책임지기에는 재정적으로나 인력으로나 벅차기 때문에, 많은 부분을 시장과 시민사회가 맡게 된다. 보험이나 자선단체 등이 바로 그런 역할을 수행한다. 따라서 우리 사회는 경제활동 연령을 중심으로 보험이 충분히 소비될 필요가 있다. 이를 위해서 정부는 보장성보험이나 연금에 세제혜택을 주어 가입을 유인하기도 하며, 자동차

보험의 책임보험처럼 가입을 강제화하기도 하는 것이다.

하지만 시장에서 스스로 소비될 때 보험은 더욱 효율적이고 부작용도 적다. 따라서 사람들에게 보험에 가입하라고 권유할 누군가가 필요한데, 그 누군가가 바로 여러분이 심심치 않게 만나거나 또는 앞으로 만나게 될 넉살좋은 보험모집인이다. 이들이 없다면, 우리 주위에는 보험 없이 오로지 자신의 운에만 의지해 살아가는 루이스 같은 사람으로 넘쳐날 것이다.

다만 보험 모집이 어려운 만큼 충분한 대가가 필요한데, 그것이 바로 모집수수료다. 물론 모집수수료는 보험회사의 매출을 올리기 위한 유인이지만, 보험이 충분히 소비되기 위해 사회가 지출하는 비용이기도 하다. 그렇기에 모집수수료 수준은 시장원리와 규제감독 등을 통해 적정하게 유지되어야 한다.

〈보험모집이란 무엇인가?〉

'모집'은 보험계약의 체결을 중개하거나 대리하는 행위다. 보험모집인이라고 하면 보험을 판매하는 사람으로 이해하면 된다. 모집을 할 수 있는 자는 법으로 정해지며, 보험설계사, 보험대리점, 보험중개사, 보험회사의 임직원 등이 있다. 금융기관도 보험대리점이 될 수 있는데, 이를 은행과 보험의 합성어인 방카슈랑스Bancasurance라고 부른다.

나는 종종 학생들로부터 보험회사에 입사하면 보험을 팔아야만 하는지에 대한 질문을 받는다. 아니다. 보험회사에서 영업부서에 있는 인력은 직접 보험모집을 하지 않고, 보험모집인을 관리하는 '영업관리'를 수행한다. 물론 임직원 중 직접 영업을 하는 사람도 있는데, 이들은 거의 예외 없이 기업을 상대로 하는 전문적인 보험을 다룬다.

춤추는 보험모집

사랑의 블랙홀 & 시다 래피즈
보험모집의 두 얼굴

수상한 고객들
불완전판매란 놈

사랑의 블랙홀 & 시다 래피즈_

보험모집의 두 얼굴

나 뽀족코 대머리 네드야. 케이스 웨스턴 고등학교 기억 안 나?

학교 장기자랑에서 배꼽 휘파람 불었던, 그리고 네 여동생 매리하고 사귀려했는데 네가 반대해서 못 했잖아.

네드. 지금 배꼽 휘파람으로 살고 있니? (필은 마지못해 아는 척하면서)

아니. 난 생명보험을 팔고 있어. (네드가 명함을 꺼낸다.)

어이구. 놀라운데. (필의 표정이 굳어진다.)

너 생명보험에 들었지? 보험은 항상 더 필요하기 마련이잖아. 내말이 맞지? (필은 이미 딴청을 부리고 있고, 네드는 맞장구를 치라고 필에게 재촉한다.)

네드. 너하고 할 말이 많은데, 그럴 수는 없고, 또 보자. (필이 어색하게 미소를 지으며 황급히 발걸음을 돌린다.)

까칠한 TV 기상예보 앵커인 필(빌 머레이 분)은 매년 2월 2일에 열리는 "그라운드호그 데이"를 취재하러 펜실베이니아 주의 펑츄토니Punxsutawney 시에 온다.

그라운드호그 데이는 마을 사람들이 겨울잠을 자는 커다란 설치류인 마못mammot을 굴에서 꺼내 들고는, 그날이 맑으면(펑츄토니 필이라고 불리는 녀석이 자기의 그림자를 볼 수 있으면) 봄이 늦게 오고 흐리면 일찍 온다고 알리는 미국에서 꽤 유명한 행사다.

그런데 폭설로 방송국으로 돌아가지 못한 필은 다음날 아침 6시에 맞춘

〈사랑의 블랙홀〉

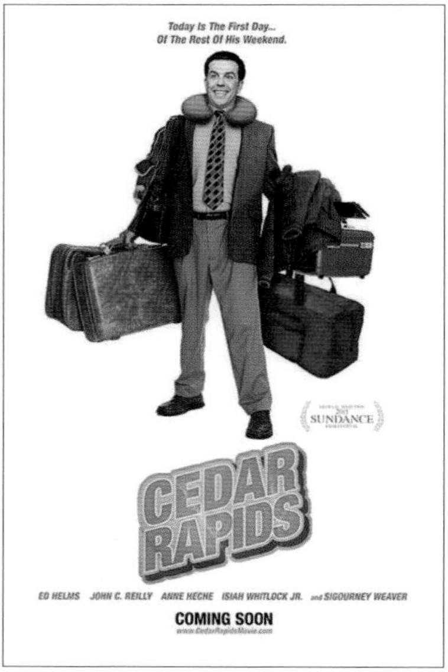

〈세다 래피즈〉

라디오에서 전날과 똑같이 〈아이 갓 유 베이브I got you babe〉란 노래로 시작하는 일기예보를 듣는다. 그런데 지방 방송의 어설픔을 비웃으며 일어난 필의 눈앞에는 어제의 행사가 똑같이 열리고 있지 않은가. 그리곤 이후 매번 똑같은 날이 반복된다.

필은 처음에는 당황하다 못해 자살까지 시도하였지만 여전히 같은 노래를 들으며 잠에서 깬다. 포기한 필은 무한히 반복되는 하루를 평소에 하고 싶던 일을 맘껏 하며 즐기며 지낸다. 그런데 반복되는 것이 하나 더 있어서, 동행한 PD인 리타(앤디 맥도웰 분)에게 이리저리 작업을 걸어도 매번 돌아오는 것은 그녀의 따귀일 뿐이다.

보험모집의 두 얼굴, 네드와 팀

미국영화협회에서 꼽은 판타지 분야 10대 영화에 낀 이 코미디는 우리나라에서는 〈사랑의 블랙홀〉이란 이름으로 개봉되어 많은 사랑을 받았다.[36)]위의 대사는 기현상이 일어난 첫날 필이 어리둥절한 채 마을에 들어섰을 때 멀리서 그를 알아보고 달려온 네드(스티븐 토볼로스키 분)와 만나는 장면에서 나온다.

네 번째 날, 견디다 못한 필은 반갑게 달려드는 네드의 안면에 다짜고짜 주먹을 날린다. 그런데 왜 하필 보험모집을 하는 동창생이 등장하는가. 귀찮은 사람을 수없이 반복해서 만나야만 하는 필의 고통을 관객과 공유하려는 작가의 의도가 숨어 있다고 볼 수밖에 없다. 필이 분노의 주먹을 날리는 순간 평소에 보험설계사의 방문이나 보험 가입 권유 전화에 진저리 치던 관객은 아마 대리만족을 느꼈을지 모른다.

어떻게 보험이란 게임에 엮였죠? 리피. (조안은 팀에게 묻는다.)

맙소사, 보험 게임이라니. (그러면서 조안은 냉소적인 자신이 믿기지 않는 듯 중얼거린다.)

사실 좀 흔하지 않은 이야기인데요. (팀이 대답한다.)

내가 여섯 살 때 아버지가 제재소에서 사고로 돌아가셨죠. 그때 보험모집인이 제재소를 상대로 엄청 싸워서 보험금을 받아냈고, 그래서 어머니와 내가 생계를 꾸릴 수 있었죠.

(제재소가 업무상 사고가 아니었다고 주장한 듯)

그때 어린 나는 이 사람들이 정말 영웅이라고 생각했죠.

내 생각에는 보험모집인이 억울하게도 제대로 대접받지 못하는 것 같아요.

정직한 보험모집인 팀(에드 헬름스 분)은 영화 〈시다 래피즈(Cedar Rapids)〉에서 보험모집인이 된 이유를 이렇게 말한다. 영화에서 아이오와 주의 시다 래피즈에서 열린 보험협회의 지역 컨벤션에 참석한 팀은 최우수 보험회사 상을 받아야 하는 압박감을 이기지 못하고 협회 지부장에게 뇌물을 준다. 하지만 팀은 사장이 그토록 수상을 원했던 이유가 회사를 비싼 값에 매각하고 이른바 먹고 튀려는 음모였음을 알고는 자신이 저지른 부정을 시상식에서 폭로한다. 그리고 팀은 자신을 믿고 따르는 고객들을 데리고 나와 스스로 대리점을 차린다.

〈사랑의 블랙홀〉과 〈시다 래피즈〉는 서로 다른 시각에서 보험모집인을 바라보고 있다. 네드는 끈질기게 귀찮게 하는 존재로, 팀은 고객을 위하는 마음이 가득한 사람으로 그려져 있다. 여기에서 보험모집의 두 얼굴이 나타난다.

네드는 끈질긴 설득만이 성공의 열쇠라고 생각하는 유형이다. 반면에 팀은 고객에게 필요한 보험을 찾기 위하여 분주히 고객과 소통하며, 고객의 신뢰 속에서 영업을 한다. 불행히도 우리 주위에는 팀이 많음에도 불구하고 네드가 득실대는 것처럼 보인다.

이것은, 앞에서 설명한대로 자발적 소비보다는 설득에 의해 소비되는 경우가 많은 보험의 특징 때문이다. 상품에 무관심하거나 아예 모르는 고객에게 구매토록 설득하는 판매 기법을 푸시 마케팅push marketing이라고 하는데, 보험모집이 그 전형적인 사례로 꼽힌다.

보험모집인하면 네드 같은 사람을 떠올리는 것은 그만큼 보험을 판매하기 어렵다는 사실을 반증한다. 이러다보니 자신의 직업을 보험 게임이라며 냉소적으로 부르는 조안과 같은 보험모집인도 나타나는 것이다. 하지만 앞으로 보험모집은 각광을 받는 직업이 될 것이다. 다만, 전문성과 정직성을 갖춘 사람일 경우에 그렇다는 말이다.

사연 많은 보험설계사

우리나라의 보험산업은 보험설계사와 분리하여 생각할 수 없다. 보험설계사란 특정한 보험회사에 전속된 모집 인력을 가리킨다. 우리나라에서는 법에 의해 보험설계사solicitor는 보험대리점agent과 구분되는데, 사실 하는 일에 있어서 차이가 없다. 다만, 보험대리점은 여러 보험회사의 상품을 모집할 수 있는 법인法人이나 개인이지만, 보험설계사는 자신이 전속된 보험회사의 상품만을 판매할 수 있는 개인이다.[37)]

보험설계사는 보험회사의 직원은 아니지만 실제로는 보험회사가 보험설계사를 발굴하고 교육시키는 '도입'을 실시한다. 그래서 정부는 이들을 특수고용직으로 분류하고 있다. 보험설계사의 도입은 보험모집 인프라의 구축 및 유지에 필요한 보험회사의 핵심적인 업무다.

보험회사는 상당한 시간과 비용을 들여 새로 들어온 설계사를 키우지만, 이 가운데 일부는 주위 친지에게 보험을 모집하고는 금방 밑천이 들어나 초기에 포기한다. 과거에는 보험회사가 이런 사람들까지 대량으로 도입하고 이어서 대량으로 탈락하는 마구잡이식 도입 전략을 폈다. 그러다보니 적성에 맞지 않고, 네트워크가 약하고, 금융지식도 모자란 사람들이 보험설계사로 나서는 경우가 많았다. 이른바 "보험아줌마"란 냉소적인 표현이 생긴 것이 그 때문이었다.

그래도 그런 전략이 먹혔던 원인 중 하나에 저축성보험이 있다. 저축성보험은 1962년 경제개발 자금을 확보하기 위한 국민저축법의 제정을 계기로 등장한 보험에 적금을 얹은 상품이다.[38] 보험회사들은 은행의 적금과 경쟁하기 위해 높은 수익률을 보장해주고 상품에 따라서는 투자수익의 일부를 돌려주는 유배당 상품까지 만들어 열심히 팔았다.
당시는 어려운 생활 속에서도 저축률이 높았던 시절이었기 때문에, 보험의 보장보다는 간단명료한 수익률이 마케팅 포인트가 되었다. 따라서 전문성은 없어도 연고를 앞세운 설계사들이 저인망식으로 보험계약자를 훑었던 것이 지난날 우리나라 보험산업의 현실이었다.

그런데 이 전략은 1980년대 말 국내 시장이 개방되면서 설 자리를 점점 잃게 된다. 국내에 진출한 미국과 유럽의 생명보험회사들은 당시로서는 생소한 종신보험을 들고 나와 올림픽 개최를 계기로 소득 수준이 급속히 올라가던 베이비부머 세대를 공략했다.
베이비부머 세대는 1953년부터 1963년까지 태어난 이들로, 1990년대 초반에는 30~40대의 경제 주력 세대였다. 이들은 부모 세대와 달리 자식 2명을 기르는 핵가족을 이루고 있다. 가족중심적인 이들에게 사망 시 가족에게 1~2억 원씩 보험금을 지급하는 종신보험은 매력이 있었다.
게다가 사무실을 돌면서 사탕을 나누어주던 상냥하긴 하지만 왠지 2% 부족해보인 아주머니들과 달리, 대학동창이나 예전 직장동료가 말쑥한 복장에 보험회사 배지를 달고 나타나 노트북을 꺼내놓고 노후설계라 하며 제법 아는 소리를 하는 것이었다. 당시 외국계 생명보험회사의 설계사가 되기 위한 조건은 까다로웠다.

회사에 따라서는 2년 이상의 직장 경력을 가진 대졸자이어야 했으며, 보험모집 경력자는 제외했다. 한마디로 대량도입 대량탈락이란 기존의 인해전술과 너무나 달랐던 것이다. 그 결과 1999년 외국계 생명보험회사의 국내 시장점유율이 처음으로 5%를 넘게 되었고, 지금은 14%에 이른다.
이렇게 외국계 회사가 치고나오자 국내 보험회사도 보험설계사의 전문성을 강화하는 노력을 펼쳤다. 게다가 2000년대 초반 보험에 투자기능을 얹은 변액보험이 나오면서 보험설계사도 증시 판세는 읽어야 고객을 상대할 수 있는 세상이 되었다.
과거에 은행, 보험, 증권 등이 서로 칸막이 치고 각자 먹거리를 확보했던 좋은 시절은 지나가 버리고, 원스톱 쇼핑one-stop shopping을 원하는 고객을 놓고 우위를 다투는 무한경쟁의 시대가 온 것이다. 은행은 프라이빗 뱅킹을, 증권회사는 랩어카운트라는 콘셉트를 각각 들고 나와 금융자산가를 공략하는 "크림 걷기cream skimming" 전략을 시도했다.[39]
보험회사도 이에 맞서 종합적인 자산관리 서비스를 제공할 수 있는 모집인력을 양성하여 LPlife planner나 LCLife Consultant 등의 이름으로 대응했다. 게다가 세무사, 회계사, 의사와 변호사까지 보험모집에 뛰어드는 보험모집의 춘추전국시대가 열리게 된 것이다.

GA의 등장, 갑과 을의 역전

세계화가 진행되면서 한 지역에 고립된 문화는 더 이상 발전하기 어렵게 되었다. 오늘날은 문화의 혼종混種이 대세인 시대인 것이다. 금융 분야에서도 본질주의에서 벗어나 혼종이 빠르게 진행되고 있다. 그러므로 은행이나 증권회사와 경쟁을 하려면 보험모집인으로 하여금 보험 이외에 타 금융권의 상품도 갖추도록 시대가 보험회사에게 요구하고 있다.
우리가 스스로 상품을 찾으려면 적지 않은 시간과 노력이 들 때가 있는데, 이를 탐색비용searching cost이라고 한다. 우리의 일상생활에서는 많은 직업들이 개인의 탐색비용을 줄여주는 일을 하고 있다. 예컨대, 부동산 중개인은 우리가 집을 구입하거나 전세를 얻기 위해서 일일이 아파트 초인종을 눌러야 하는 수고를 덜어준다. 그런데 집 앞 부동산 중개인이 그 동네만 취급하는 것은 아니다. 옆 동네의 아파트도 취급하거나 그쪽 부동산과 연계하여 고객의 형편과 사정에 맞추어 집을 소개해준다.
따라서 한 회사에 전속되어 그 회사의 보험상품만 판매해야 하는 보험설계사는 경쟁력이 떨어지게 된다. 이런 이유로 최근에 특정 보험회사에 전속되어 있지 않고 여러 보험회사의 상품을 구비한 GAgeneral agent라고 불리는 독립대리점이 급성장을 하고 있다. 그 가운데에는 설계사를 1만 명 가까이 거느리고 중형 생명보험회사 정도의 매출을 올리는 곳도 나타났다.[40)]

GA의 성장은 보험산업에 큰 변화를 일으키고 있다. 제조사와 겨룰 수 있는 판매자가 등장했기 때문이다. 심지어 초대형 GA는 보험회사에 자신의 이름을 붙인 OEM 상품을 주문하기도 한다.

현재 GA는 감독 당국으로부터 상당한 주의를 끌고 있다. GA의 내부 통제력이 약하다보니 수수료를 받고는 다른 GA로 옮기는 이른바 '먹튀' 등 불완전판매가 GA의 시급한 과제로 등장하였다. 또한 GA의 주력 상품인 변액보험의 모집이 경기를 타면서 널을 뛰고, 모집수수료 선지급에 대한 규제도 강화되고 있다.

하지만 큰 그림에서는 판매자가 제조자 사이에 갑과 을의 관계가 바뀌는 패러다임 시프트가 분명히 이루어지고 있다. 이러한 현상을 제판분리製販分離라고 하는데, 제조자가 판매망까지 장악하는 유통구조에서 벗어나 제조자와 독립적인 판매자가 등장하는 현상을 뜻한다.

현재 GA는 보험모집을 넘어 종합적인 금융전문 판매회사로의 변신을 꾀하고 있다. 만약 성공한다면 GA는 금융상품 대형마트나 아예 전문적인 프로숍으로 변신할 것이다. 이런 비즈니스 개념은 금융선진국인 영국에서 독립금융대리점independent financial agent이란 이름으로 비교적 성공리에 정착하였다.

앞으로 보험은 물론 투자, 부동산, 세제 등에 걸쳐 전문성을 갖춘 보험모집인이 마음껏 능력을 펼치는 기회가 올 것이다.

〈시다 래피즈〉는 팀이 스스로 대리점을 차리는 것으로 영화가 끝난다. 영화에서 사장의 먹튀 속셈을 알게 된 팀은 비리를 폭로하기 전에, 자신이 관리하는 보험계약자에게 전화를 걸어 내가 독립하려고 하니 같이 따라 오겠냐며 묻는다. 평소에 팀의 성실함을 높이 사던 고객들이 그의 제안을 거절할 리가 없다. 결국 팀의 고객이 떨어져 나가면서 못된 사장은 커다란 손실을 입게 된다.

이런 상황은 우리나라에서는 꿈같은 이야기지만, 미국에서는 독립대리점이 고객의 명단을 소유하기 때문에 가능하다. GA에게 판매자의 책임만 물을 것이 아니라 실질적인 권한도 주어야 하지 않나 싶다.

다시 〈그라운드호그 데이〉로 돌아가자. 필은 수없이 반복되는 2월 2일을 지내며 많은 사람들과 어울리면서 인간미와 재능이 넘치는 사람으로 변한다. 마침내 그는 파티에서 멋진 재즈 연주와 갖은 찬사를 받는 모습으로 리타의 마음을 사로잡고는 그녀와 데이트를 즐기러 파티 장소를 서둘러 떠난다.

필 코너스! 너일 줄 알았어. (리타와 함께 있는 필을 향해 네드가 달려온다.)

네드 라이어슨입니다. 내 새로운 보험모집인이죠. (필이 리타에게 네드를 소개한다.)

맞아요. (네드가 웃으며, 필과 반갑다는 몸짓을 교환한다.)

이 사람하고는 졸업 후 20년 만에 만났어요. 그런데, 저에게 종신보험, 정기보험, 유니버설보험, 화재보험, 도난보험, 자동차보험, 치과보험, 사망과 영구장해보장을 낀 건강보험, 그리고 수해水害보장까지 가입하게 됐어요. 필, 오늘은 내 생애 최고의 날이야!

수상한 고객들_
불완전판매란 놈

형. 나 2년 전에 (모집)챔피언 먹은 것 기억나지? 나 그때 자살 시도 경험 있는 사람을 가입시켰거든. (배병우는 영업팀장에게 슬며시 말을 건넨다.)

아, 이게 문제가... 자살 시도 경력이 병원 기록에까지 있는 사람이 있어요. 이거 걸리면 우리 ×되는 것 아냐?

너는 그럼, 지금 대놓고 죽으려고 막막 환장한 애들을 보험가입 시켰단 말이야? 이 미친 ××야! (영업팀장이 크게 화를 낸다.)

왜, 그 때 형이 나 챔피언 먹으라고 등 떠밀면서 신신당부했잖아. (배병우는 팀장도 책임이 있다며 되래 화를 낸다.)

〈수상한 고객들〉에는 영업 실적에 눈이 멀어 경제적으로 어려운 가족을 위해 자살로 생명보험금을 타려는 고객 4명을 가입시킨 배병우(류승범 분)가 등장한다. 배병우는 자신의 행동이 알려질 경우 보험업계에서 매장당할 것이 두려워 고객들에게 생명보험을 연금보험으로 바꿀 것을 종용한다. 하지만 어느덧 그들의 어려움을 함께 나누게 되고, 결국 자살도 막고 새사람으로 바뀐다.

문제는 돈이야, 멍청아!

자본주의 사회에서 많은 문제는 돈에서 비롯된다. "문제는 경제야, 멍청아! It's the economy, stupid!"는 1992년 미국 대선 당시 민주당 후보로 나온 빌 클린턴이 공화당 후보인 아버지 부시 대통령을 이길 때 사용해서 유명해진 선거 구호다.

마찬가지로 내가 아무리 보험 이론을 이야기 한들 돈 문제를 외면한다면, "문제는 돈이야, 멍청아"라는 소리가 들릴 것만 같다. 그래서 보험모집과 돈 이야기를 해보자.

은행 상품이나 자산운용사의 펀드는 보통 정기적으로 수수료를 뗀다. 하지만 보험회사는 모집수수료를 조기에 지급한다. 모집수수료는 계약 후 짧게는 1~2년에서 수년에 걸쳐 모두 지급된다. 자동차보험처럼 1년짜리 단기계약도 아닌 종신보험처럼 보험료 납입기간이 20년 이상인 장기계약에서 모집수수료가 초기에 모두 지급되니 독특할 수밖에 없다. 그 이유는 보험모집인에게 초기에 목돈으로 보상함으로써 열심히 영업을 하게끔 인센티브를 주는 데에 따른 것이다.
그러다보니 소비자 보호가 취약했던 과거에는 보험회사의 최대의 고객은 보험계약자가 아닌 보험설계사였다고 해도 과언이 아니었다. 보험회사는 고객이 좋아할 상품보다는 설계사가 좋아할 상품을 만드는 것이 매출에 도움이 되었기 때문이다.
모집수수료 선지급은 우리나라뿐만 아니라 외국에서도 보편적인 보험영업 방법이지만, 어떻게 운용되느냐에 따라 약이 될 수도 또는 독이 될 수도 있는 것이다.

'연봉 10억! 못 하면 넌 짐승 ××!'

잘못을 뉘우치며 잠자리에서 뒤척이던 배병우가 이층 침대 밑에 붙인 구호를 보고는 확 뜯어버린다. 하지만 구호는 '연봉 10억! 못 하면' 부분만 찢어지고 ××는 여전히 눈에 들어온다. 그는 한숨을 쉬면서 눈을 돌린다.
보험모집인이 고객에게 필요한 보험을 정직하게 판매하면 연봉 10억 원이 아니라 100억 원을 받아도 누가 뭐라 하나. 그러나 그 판매과정에 원칙과 직업윤리가 지켜지지 않는다면, 자칫 짐승이 될 수 있다.

나는 앞에서 보험의 생명은 정보 제공자의 정직함에 달려 있다고 했다. 우선 보험계약자나 피보험자는 보험계약의 체결 여부나 보험료의 수준에 영

〈수상한 고객들〉

1992년 미국 대선 당시 빌 클린턴의 선거운동 배지

향을 미칠 수 있는 정보를 숨김없이 있는 그대로 보험회사에 제공해야 한다. 하지만 정보의 소통은 일방적이지 않다.

보험회사도 보험계약자에게 중요한 정보를 정확하게 알려야 한다. 더욱이 보험상품은 보험회사에서 만들어져 제시되기 때문에 비전문가인 보험계약자가 그 내용을 제대로 이해하기란 어렵다. 따라서 보험회사가 이를 이용하여 자신의 이익을 우선하거나, 또는 보험모집인이 중간에서 농간을 부릴 수도 있는 것이다.

물론 이런 현상은 보험산업에만 나타나는 것은 아니다. 대부분의 금융상품이 전문성과 정보력을 갖추어야 이해가 가능한 만큼 은행이나 증권업도 이와 크게 다르지 않다. 따라서 금융권에서는 불완전판매mis-selling가 발생할 가능성이 매우 높은데, 불완전판매는 소비자에게 필요하지 않는 상품을 판매하거나 정확한 내용을 알리지 않은 채 판매하는 현상을 뜻한다. 2013년 발생한 동양증권 직원의 연이은 자살은 휴지조각이 될 모기업의 채권을 고객에게 판매한 죄책감 때문에 빚어진 불행한 사건이었다. 직원들이 회사의 부당한 압력을 못 이기고 불완전판매를 저지른 것이다. 의류나 장신구도 아닌 보험이 충동 구매될 가능성은 낮으므로 불완전판매가 이루어졌다면 대부분은 보험모집인의 잘못이 크다.

게다가 보험계약자 가운데 깨알 같은 보험약관을 이해할 때까지 몇 번이고 읽고 구입하는 사람이 과연 몇이나 될까. 보험을 가르치는 교수도 그렇게 꼼꼼히 읽지 않는다. 어디까지나 주요 내용을 담은 상품설명서를 놓고 보험모집인의 신의와 성실에 의존하여 궁리할 뿐이다.

미국 푸르덴셜의 불완전판매 사건

푸르덴셜은 미국 최대의 생명보험회사일 뿐만 아니라, 아시아, 유럽, 남미에까지 진출한 세계적인 보험회사다. 푸르덴셜은 지브롤터의 바위를 상징으로 사용할 만큼 고객의 신뢰를 받는 일류 보험회사란 자부심이 대단한 회사다.

그러나 푸르덴셜은 지난 130여 년간 미국 국민에게 심어놓았던 이미지를 한방에 날려버린 일을 벌인 적이 있다. 1996년 ABC 방송은 뉴스 특집에서, 플로리다 주정부가 푸르덴셜에게 보험계약자를 속였다는 이유로 보험모집 금지를 경고했다는 소식을 보도한다. 방송에서는, 푸르덴셜의 보험모집인에게 설득당해 오래된 보험을 해약하고 집을 담보로 돈까지 빌려 새 보험에 가입했다가 보험료 청구서에 파묻힌 할머니와의 전화 인터뷰를 전했다.

그날 이후, 푸르덴셜이 1982년부터 1995년까지 무려 13년에 걸쳐 변액보험을 중심으로 엄청난 꼼수를 부렸음이 만천하에 드러나게 된다. 변액보험이란 장기 계약기간으로 인해 전통적인 생명보험금이 물가상승률을 이기지 못하는 문제점을 해결하기 위해 보험계약자로 하여금 투자결정을 하도록 허용하고 수익 결과에 따라 보험금이 달라지는 보험이다. 즉, 보험에 펀드를 결합한 하이브리드 상품인 셈이다.

당시 어떤 일이 일어났는지 1981년 5만 달러짜리 푸르덴셜 생명보험에 가입한 벤 블라스코비치Ben Blascovich의 이야기를 들어보자.[41] 보험가입 후 3년이 지난 뒤 벤은, 5만 달러짜리 보험에 가입할 만큼 수익이 충분하니 보험을 하나 더 들으라는 보험모집인의 말을 듣고 딸 이름으로 하나 더 가입한다. 하지만 10년이 지난 뒤에 벤은 처음 가입했던 생명보험에서 무려 1만 4천 달러의 대출이 이루어졌다는 내용이 적힌 편지를 받는다.

더욱이 벤의 어머니가 1958년에 아들을 위해 가입한 보험에서는 1천 달러 이상이 인출되기까지 했다. 보험모집인이 추가된 생명보험의 보험료를 내기 위해 벤의 승인 없이 대출을 받은 것이다. 오래된 보험을 새로운 보험으로 바꾸게 하면서 모집인이 수수료를 챙기는 이른바 회전판매churning라는 전형적인 불완전판매가 푸르덴셜에서 성행했던 것이다.[42]

내부 제보로 시작된 ABC 뉴스가 방송된 후에 푸르덴셜에 대한 집단소송이 각 주에서 줄을 잇는다. 급기야 정부는 무려 1천만 건의 기록을 조사한 후 푸르덴셜이 보험모집인들의 불완전판매에 대해 알고 있었고, 많은 경우 그에 대한 적절한 조사와 처리가 이루어지지 않았다는 결론을 내리게 된다. 그 와중에 푸르덴셜이 중요한 데이터를 보관하던 건물이 불에 타버리고, 100만 달러의 벌금까지 물면서 증거 은폐를 위해 방화를 했다는 의심까지 제기되었다.

그 후 수년에 걸친 지루한 소송 끝에 푸르덴셜은 1982년에서 1995년 사이에 판매한 1070만 건의 관련된 보험 계약에 대하여, 보험계약자에게 28억 달러를 지불한다는 조건으로 사건을 마무리한다. 또한 보험감독 당국과 변액보험을 감독하는 증권거래협회는 모두 합해 7000만 달러 이상의 벌금을 푸르덴셜에 부과하였다.

푸르덴셜의 불완전판매의 불똥은 경쟁자인 메트라이프를 비롯한 다른 생명보험회사에게로도 튀었고, 이들도 크게 다르지 않다는 증거가 드러나면서 미국에서 생명보험의 이미지는 단숨에 나락으로 떨어지고 말았다.[43]

고의성 불완전판매는 보험사기

이번 사건은 사상 최대 규모의 생명보험 불완전판매로서, 부도덕한 경영진과 보험모집인이 얼마나 대규모로 보험계약자를 상대로 사기를 칠 수 있는지를 여실히 보여준다. 내가 굳이 사기라고까지 표현한 것은, 보험소비자가 보험금 편취를 목적으로 저지르는 보험사고를 보험사기라고 부르면서, 누가 보아도 악의적이고 기만적인 보험모집은 불완전판매라고 부르는 것이 불공평하기 때문이다.

편취騙取란 남을 속여 재물이나 이익을 빼앗은 행위를 말하는데, 누군가 보험회사를 속여서 부당하게 보험금을 받아내는 것과 보험회사나 보험모집인이 보험계약자를 속여 부당한 이익을 올리는 것은 근본적으로 같다. 여러분은 가족이나 친구 사이에서 정확한 의사전달이 어려운 경우를 자주 경험해보았을 것이다.

이렇듯 보험모집인과 보험계약자 사이에서 의사소통이 100% 이루어지기는 어렵다. 그러나 고의로 속이는 판매 행위조차 의사소통의 불완전성으로 얼버무려 넘어가는 것은 지나치게 공급자 중심의 논리인 것이다.

최근 금융기관의 불완전판매 방지 장치가 강구되고 있다. 보험계약자는 보험 가입 시 모집인으로부터 상품에 대해 정확한 설명을 들었다는 서명을 해야 한다는 요구를 받는다.

이게 어디 보험뿐이겠는가. 대출에서 펀드에 이르기까지 소비자는 팔목이 떨어져라 끊임없이 확인서에 서명을 해댄다. 영업 일선에서는 이 때문에 매출에 지장이 있다고 투덜댈 정도다. 하지만 과연 효과가 있을지 확신하기는 어렵다. 그 이유는 동양증권의 불완전판매 사태가 확인서의 문제가 아니었기 때문이다.

수년 전 금융감독원은 불완전판매를 근절하기 위해 '적합성의 원칙'을 제시하였다. 적합성이란 금융상품을 판매할 때 소비자의 니즈에 맞는 상품을 골라 판매하는 기준이다. 나는 보험을 전공한 탓에 이곳저곳으로부터 보험에 대한 질문을 꽤 받는 편이다.

그중에 종신보험에 가입한 젊은 미혼 여성도 몇 명이 있었다. 종신보험이란 자신의 갑작스런 사망으로 인해 가족이 입을 경제적 어려움을 덜어주기 위한 보험이다. 그래서 종신보험은 대부분의 가정에서 주된 소득원인 남편이 피보험자로 가입하며 주로 자녀가 보험수익자가 된다. 그런데 그리 소득이 높지도 않은 미혼의 여성이 오랜 기간 적지 않은 보험료를 납입하는 종신보험에 들었다고 하니 나로서는 조금 어색하다.

나는 대략 감을 잡고는 딱 세 가지를 묻는다. 우선 종신보험이 무엇이냐고 묻는데, 그들의 대답은 명확하지 않다. 다음은 (만약에 당신이 사망하면) 보험금은 누가 타냐고 묻는다. 이 부분에서 오락가락한다.

답답한 나머지 내가, 부모, 형제, 조카 등 법에서 정한 보험수익자를 차례대로 열거하면 그때 그녀들의 표정은 대부분은 어두워진다. 그리고 마지막으로, 누가 권유해서 가입했냐고 묻는다. 그러면 이번만큼은 주저하지 않고 바로 대답을 하는데, 사촌오빠부터 아는 오빠에 이르기까지 온갖 오빠들이 등장하는 것이다.

이쯤에서 나는 이야기를 슬쩍 다른 것으로 돌린다. 해약하기에는 원금손실이 너무 크고, 만기환급금을 연금으로 받을 바에야 처음부터 연금으로 가입했어야 했다. 나는 그녀들이 부디 하루빨리 좋은 짝을 만나 가정을 이루어 제대로 된 보험수익자를 만들기를 바랄 뿐이다. 불완전판매란 이런 것이다.

끝없는 숨바꼭질, 보험사기

이중보상 & 포스트맨은 벨을 두 번 울린다
팜므 파탈

하면 된다 & 킬러 조
막가파 가족 사기단

헨리스 크라임
본전심리

KBS TV 뉴스
자업자득

세일즈맨의 죽음 & 이대로 죽을 순 없다
자살과 생명보험

이중보상 & 포스트맨은 벨을 두 번 울린다_

팜므 파탈

(디트릭슨 씨가) 상해보험이 있었지, 그렇지? (키즈가 월터에게 묻는다.)

그랬죠.

그리고 다리가 부러졌잖아, 그렇지?

그래서요.

그런데 왜 보험처리를 하지 않았을까.

무슨 말이죠?

2시간 전에 저녁을 먹다가 뭔가 걸리는 거야. (키즈가 자기 배를 가리킨다.)

그 안에 있는 꼬마가 발동하나보죠? (월터는 담배를 물며 애처 태연한 척하며 키즈의 26년 경력에서 오는 '촉'이 살아났는지 물어본다.)

우리에게는 〈이중보상Double Indemnity〉으로 알려진 1944년 작 이 영화에서, 손해사정인 키즈(에드워드 로빈슨 분)는 죽은 디트릭슨이 상해보험을 가입했는데 왜 다리 골절 치료비를 청구하지 않았는지 의심한다.

영화의 절반 줄거리는 이렇다. 유능한 보험모집인 월터(프레드 맥머레이 분)는 사업가 디트릭슨의 후처 필리스(바바라 스탠위크 분)와 불륜에 빠지고, 그녀의 꼬임에 넘어가 5만 달러짜리 남편의 보험금을 노린다. 그런데 월터는 디트릭슨이 가입한 상해보험이 기차사고 사망 시 보험금을 두 배로 지급하는 점을 악용한다.[44]

〈이중 보상〉

〈포스트맨은 벨을 두 번 울린다〉

월터는 필리스가 남편을 기차역까지 바래다주는 차에 숨어 있다가 그를 살해하고는 남편으로 변장하고 부목에 기대어 절뚝거리며 기차에 올라탄다. 다음에 월터가 한 일은 기차에서 몰래 뛰어내린 후 시체를 철로 위에 놓아 마치 남편이 다리가 불편해서 기차에서 떨어진 것처럼 만드는 것이었다.

보험사기가 영화에 준 영감

〈이중보상〉은 미국의 소설가 제임스 케인James Cain의 소설을 영화한 작품이다. 보험사기가 횡행하는 요즈음 이 정도의 사건은 신문 1단짜리 기사로 끝나겠지만, 70년 전 보수적인 미국에서 아내가 보험금을 노리고 정부情夫를 시켜 남편을 살해하는 이야기는 그야말로 충격이었다.[45] 그 때문인지는 몰라도 〈이중보상〉은 1992년 미국 국회도서관이 지정한 문화적, 역사적 그리고 미학적으로 중요한 영화이자, 미국영화협회가 꼽은 20세기 100대 영화의 한 편으로 꼽힌 작품이다.

그리고 〈이중보상〉이 나온 지 2년 만에 제임스 케인의 문단 데뷔 작품이 영화화되는데, 바로 〈포스트맨은 벨을 두 번 울린다The Postman Always Rings Twice〉(이하 "포스트맨"으로 약칭)이다.

내가 한때 일을 해주었던 그리 착한 사람을 왜 죽입니까? (병상에서 프랭크는 검사가 닉을 살해한 것을 자백하라고 하자 이렇게 발뺌한다.)
그럼 진짜 동기를 말해줄까? (검사가 프랭크를 노려보며 말한다.)
닉 스미스가 가입한 지 얼마 안 된 1만 달러짜리 생명보험이지. 물 한잔 마시라고. 기분이 나아질 거야.

1946년 작 〈포스트맨〉에서 프랭크(존 가필드 분)와 코라(라라 터너 분)는 코라의 남편 닉을 살해한 후 교통사고로 위장하려 한다. 그러나 프랭크는 시체를 실은 차를 절벽에서 굴리려다 실수로 같이 떨어지게 된다. 검사는 병상에 누워 있는 프랭크에게 닉이 생명보험에 가입했었다면서, 프랭크와 코라가 보험금을 노리고 닉을 죽였다고 추궁한다. 그 사실을 뒤늦게 안 프랭크는 코라가 보험금을 노리고 닉은 물론 자신까지 죽이려 한 것으로 오해한다. 그리고 코라도 프랭크가 자신을 배반한 것이라고 생각하고 범죄를 실토하게 된다.
〈포스트맨〉은 우리나라 관객에게는 잭 니콜슨Jack Nicholson과 제시카 랭Jessica Lange이 주연한 1981년 작품이 더 유명하다. 개봉 당시 선정적인 포스터가 대도시의 담벼락을 도배했던 기억이 아직도 생생하다. 원래의 제목은 "우편배달부"로 시작하였으나 관공서인 우체국에서 강력하게 항의해서 "포스트맨"으로 바뀌는 우여곡절이 있었던, 요즘 연예계에서 유행하는 이른바 노이즈 마케팅으로 관객들이 더 몰렸던 영화이기도 했다.

제임스 케인의 〈이중보상〉과 〈포스트맨〉은 하드보일드hard-boiled 문학의

〈이중보상〉(좌)과 〈포스트맨은 벨을 두 번 울린다〉(우)에서 남편이 살해당하기 직전의 장면. 두 영화 모두 아내는 운전하고 정부는 뒷좌석에 숨어 있다가 아무것도 모르는 남편을 살해한다.

대표작으로 꼽힌다. 말 그대로 딱딱할 때까지 달걀을 삶는다는 뜻의 하드보일드 문학은, 로맨스에 범죄를 결합한 내용을 주로 범죄자나 형사가 1인칭 시점에서 빠른 템포로 들려주는 문학 형식을 취한다. 하드보일드 문학은 1930년대 대공황 시기에 등장했던 만큼 냉소적이고 음울해서 그런지는 몰라도 왠지 보험사기와 잘 어울리는 문학 장르이다.

제임스 케인이 왜 팜므 파탈femme fatale의 보험사기를 즐겨 다루었는지 그 이유는 분명하지 않다. 그런데 일설에 따르면, 1927년 뉴욕에서 일어난 루스 스나이더Ruth Snyder 사건에서 영감을 받았다고 한다.

루스는 정부와 짜고, 죽은 지 10년 된 약혼자의 사진을 집에 거는 상식 밖의 행동을 하는 남편을 살해한다. 그런데 루스는 그 이전에 남편 이름으로 몰래 가입한 생명보험의 보험료 고지서를 받기 위해, 우편배달부에게 고지서를 배달할 때마다 벨을 두 번 울리도록 부탁했다는 것이다.[46]

마이크 말로이 이야기

하지만 제임스 케인의 두 편의 소설이 무색할 정도로 당시 미국 사회를 충격으로 몰아넣은 보험사기 사건이 있었다. 우리가 흔히 보는 건전지 중 듀라셀Duracell이란 제품이 있는데, 이는 오래간다는 뜻의 영어 단어인 Durable에 건전지를 의미하는 Cell을 합성한, 유명한 브랜드다.
80여 년 전 '질긴 마이크Mike the Durable'이란 별명이 붙여진 마이크 말로이Mike Malloy의 믿기 어려운 실화를 여기에 소개한다.[47)]

사건은 음울한 금주령 시대인 1933년 뉴욕 브롱크스에 위치한 안소니 마리노의 무허가 술집에서 시작된다.
뉴욕의 실업률이 50%에 달하던 때였던 만큼 마리노는 보험사기로 한 건을 올릴 목적으로, 술집 기도를 보던 조 머피, 프랭크 파스카 그리고 댄 크리스버그라는 건달들과 범행을 모의한다. 이들 눈에 들어 온 사람이 소방관과 엔지니어 경력을 가진 50세의 주정뱅이 노숙자 말로이였다. 이들은 말로이에게 다가가 술을 먹여 환심을 사고는 토니를 공직에 나가게끔 추천서에 서명해달라고 부탁한다.
웬 공짜 술이냐 싶던 말로이가 서명한 서류들은 사실은 말로이가 사망하게 되면 마리노에게 800달러를 지급하는 메트로폴리탄 생명보험 계약서 하나와 각각 495달러씩 지급하는 푸르덴셜 생명보험 계약서 두 장이었다. 그 후 몇 주에 걸쳐 이들은 말로이에게 그야말로 치사량에 가까운 공짜 술을 제공한다.
그런데 말로이는 술 마신 다음날에도 항상 멀쩡하게 나타나 전날 과음으로 머리가 아프다며 해장술을 시키는 것이 아닌가. 결국 말로이의 보험금보다 술값이 더 들 것 같은 생각을 하게 된 악당들은 더욱 악랄한 시도를 한다.

예전에 화학공장에 일했던 머피는 자동차 부동액을 섞어 술을 만든다. 이 술을 얻어 마신 말로이는 맛이 정말 부드럽다는 말을 남기고는 쓰러지고, 악당들은 뒷방에 그를 옮겨놓고 죽기만을 기다린다. 그런데 한 시간 후 말로이는 심한 갈증을 호소하며 나타난다.
그 후 며칠 동안 악당들은 말로이에게 부동액을 점점 더 많이 넣어 진하게 탄 술을 권한다. 심지어는 페인트 유화제에 말에 발라주는 로션에 쥐약까지 섞어 그에게 먹인다. 하지만 술 마신 다음날이면 말로이는 어김없이 거뜬한 몸으로 술집으로 출근하는 것이 아닌가.

다시 한 단계 높여 마리노가 말로이에게 메탄올에 적신 생굴을 먹게 한다. 그런데 이번에는 굴 12개를 먹은 말로이가 마리노에게 아예 음식점을 차리라며 그 맛을 칭찬한다. 다음 코스는 면도 크림을 섞은 썩은 정어리를 내놓는다. 하지만 결과는 늘 마찬가지였다.
어쩔 수 없이 이들은 말로이에게 독주와 상한 음식을 잔뜩 먹여 한겨울 공원으로 데려가 상의를 모두 벗기고는 물을 퍼붓고 눈구덩이에 처넣는다.

그런데 다음날 저녁, 말로이가 새 옷까지 입고 나타나는 것이 아닌가. 경찰이 그를 발견해서 구호기관에 보냈고, 그곳에서 새 옷을 입혀 내보냈던 것이다.
할 수 없이 악당들은 택시 운전사를 150달러에 매수해서 독한 술을 먹고 정신을 잃은 말로이를 차로 밀어버린다. 그리고는 보험금을 신청하기 위해 신문 부고기사가 나기를 몇 주째 기다린다. 그런데 도대체 소식이 없는 것이다. 그러다가 말로이가 다시 나타난다. 두개골과 어깨뼈 골절에 뇌진탕을 입은 말로이가 엉뚱한 이름으로 병원에 입원해 있었던 것이다.
이쯤 되자, 완전히 정신이 나간 악당들은 살인청부업자를 고용하려고 하지만, 청부업자가 요구한 500달러가 너무 비싸다고 생각한다. 그래서 조 머레이란 얼간이를 똑같은 방법으로 정신을 잃게 하고는 말로이의 신분증을 주머니에 넣어 택시로 밀어버린다.
그런데 머레이마저 두 달 후 병원에서 멀쩡히 퇴원하게 될 줄이야. 이제 악당들에게는 최후의 선택만이 남는다.

1933년 2월 22일 마리노는 말로이와 술 시합을 벌인다. 마리노의 잔에는 위스키가 말로이의 잔에는 메탄올이 각각 채워져 있다. 마리노와 크리스버그는 인사불성이 된 말로이를 풀톤 가街에 있는 어느 방으로 끌고 가서 손수건으로 입을 틀어막고, 고무호스를 벽에 있는 가스배출구에 연결시키고 다른 끝을 그의 입에 쑤셔 넣는다. 그리고 마침내 그 질겼던 말로이의 목숨이 끊어진다.

그 후 악당들은 의사를 매수해서 말로이의 사인을 폐결핵으로 조작한 사망진단서를 발급받는다. 머피는 말로이의 동생 행세를 하고 메트로폴리탄 생명으로부터 800달러를 받아낸다. 그리고 푸르덴셜생명의 보험금은 다른 사건으로 형무소에 복역 중이었던 탓에 받지 못한다.

이를 수상하게 여긴 보험대리점의 신고를 받은 경찰은 수사에 나서고, 자기 몫을 챙기지 못한 택시 기사와 비싸다고 거절당했던 살인청부업자가 떠벌리는 소문을 접하게 된다. 결국 멍청한 4명의 악당은 경찰에 구속되어 다음 해 전기의자에 앉게 된다.

왼쪽은 말로이가 살해된 방인데, 화살표가 가스배출구를 가리킨다. 오른쪽은 주범인 안소니 마리노의 머그 샷이다. 1934년 일당 모두 전기의자로 처형된다. (www.nydailynew.com)

하면 된다 & 킬러 조_
막가파 가족사기단

대철아~, 이 아빠가 보니까 말이야. 인생에는 크게 두 가지가 있는 것 같아. 복권 같은 인생과 보험 같은 인생. 복권이야 한 큐에 크게 땡기는 수가 있지만 평생 한 번 찾아올까 말까 하는 행운 아니겠니?

하지만 보험이야 우리가 하기에 달려 있지. (온몸이 퍼렇게 멍든 병환이 아들 대철을 바라보며 얘기한다.)

아, 그거야 다쳤으니까 받은 거죠. (대철은 퉁명스럽게 답한다.)

또 다치면 되지~. (가족 모두 기다렸다는 듯이 대철을 보며 말한다.)

몰락한 가장 병환(안석환 분)은 뜻밖의 상해보험금으로 병원비를 내고도 300만 원 넘게 챙기자 가족 앞에서 이처럼 열변을 토한다. 2000년에 개봉된 〈하면 된다〉는 내가 아는 한 보험사기를 소재로 한 우리나라 최초의 영화일 것이다.

〈하면 된다〉를 영어로 의역하면, 우리에게 너무 익숙한 스포츠 웨어 강자 나이키의 슬로건 "Just Do it"이다. 나이키의 히트작인 이 슬로건은[48] 나이나 성, 그리고 신체조건 등에 얽매이지 말고 일단 운동을 시작하자는 메시지를 담고 있다. 그리고 이 "Just do it"은 사람들이 꺼리는 일도 일단 해보자는 반항기가 섞여 있어서 젊은이들에게 호소력이 특히 컸다.

그런데 이 슬로건이 하필 평범한 가족이 보험사기단이 되는 과정을 그린 영화의 제목이 된 것이다. 프롤로그에서 밝혔듯이 〈하면 된다〉는 모방범죄를 유도할 것 같은 느낌을 준다.

공교롭게도 이 영화가 개봉된 2000년을 전후로 그동안 잠수함처럼 숨어 있던 보험사기가 수면 위로 떠오른다.

딱딱하든 말랑하든, 사기는 사기

보험사기는 보험계약자가 보험금을 편취할 목적으로 보험에 가입하여, 계획적이고 불법적인 보험사고를 유발시킴으로써 저질러진다. 이런 보험사기를 경성hard 보험사기라고 한다. 우리가 보험사기라고 하면 얼핏 떠올리는 유형이다.

하지만 보험계약자가 선의로 보험에 가입했더라도 계약에서 정한 보험사고가 아닌데 보험사고인 것처럼 가장하거나, 또는 보험금을 부풀려서 청구하는 일도 자주 발생한다. 이런 경우를 연성soft 보험사기라고 한다. 우선 딱딱한 것을 이야기하고 다음 장에서 말랑말랑한 것을 다루기로 한다.

〈하면 된다〉

〈킬러 조〉

〈하면 된다〉에서 전형적인 경성 보험사기가 등장한다. 일가족은 자동차 사고는 기본이고, 아버지는 야구공을 눈에 맞기, 어머니는 대형마트에서 소주박스에 깔리기, 아들은 술집에서 해병대에게 시비걸기(내가 보기에는 가장 위험하다), 딸은 무거운 볼링공 들기 등으로 자해한 후 상해보험금을 타낸다. 급기야 자신들을 조사하려던 보험회사 직원까지 사위로 삼아 같은 편으로 만들고는 생명보험으로 크게 한 건하려고 광태(이범수 분)란 어리숙한 먼 친척을 집안으로 끌어들인다.

생명보험사기란 바로 살인을 저지르겠다는 뜻이므로 갈 데까지 간 것이다. 하지만 쥐도 새도 모르게 처리하려던 광태가 용무늬로 등판을 장식한 충청도 폭력배일 줄이야. 오히려 자신의 안전이 걱정된 가족 보험사기단은 광태에게 뭉치 돈을 안겨 내보낸다. 그런데 돈 가방을 부여안고 좋아라, 고향행 기차에 탄 광태가 찹쌀떡을 허공에 던져 받아먹다가 질식사한다.

그런 상황은 영화에서나 있을 법하지만, 실제 일본에서는 2015년 새해맞이 연휴에만 모찌(찹쌀떡)를 먹고 목이 막혀 9명이 사망했고, 13명이 중태에 빠진 적도 있었다.[49]

보험사기의 역사

〈하면 된다〉는 〈이중보상〉이 할리우드에서 블록버스터가 된 지 60년이 지나서야 나왔다. 여러분은 그만큼 우리나라가 보험사기 청정 국가였다고 생각할지 모르겠지만, 절대 그렇지가 않다. 우리나라 보험사기의 역사를 간략하게 살펴보자.

1923년 12월 14일자 동아일보는 빚에 쪼들린 목수가 보험금 3천 원을 탈 목적으로 자기 집에 방화했다가 충무로 일대 가옥 27채를 태워 66만 2000원의 손해가 난 어처구니없는 사건을 보도하고 있다.[50] 지금으로부터 90년 전에도 이런 기사가 날 정도로 우리나라의 보험사기 역사는 제법 길다. 그러나 지금처럼 보험사기가 극성을 부리게 된 것은 비교적 최근의 일이다.

1970년대까지는 보험사기는 어쩌다 볼 수 있는 범죄였다. 그 시절은 앞만 보고 달렸던 경제개발이 한창인 때였지만, 물질 만능주의가 지금처럼 횡행하지 않았으며, 보험사기 같은 지능형보다는 택시강도 같은 위협형이 범죄의 대부분을 차지했다. 고도성장을 구가하던 보험회사도 자칫 매출에 지장을 줄 보험사기 적발에 공을 들였을 리 없었다.

1983년 미국 레이건 대통령의 방한을 계기로 시작된 미국의 보험 등 서비스산업의 개방 요구는 1986년 우리나라와 미국 사이의 보험시장 개방 합의를 이끌어내었다. 그 결과, 1987년 라이나생명과 알리코생명을 시작으로 1997년까지 15개에 이르는 미주와 유럽의 생명보험회사들이 우리나라에 진출한다.[51]

그러자 당시 30년 가까이 허용되지 않았던 내국인의 보험산업 신규 진출을 더 이상 막기 어렵게 되었다. 결국 정부는 1988년 부산생명을 필두로 지방에만 영업이 가능한 9개 지방사와 1989년 대신생명 등 전국 영업이 가능한 6개 전국사의 설립을 허가한다. 1993년까지 6년 동안 총 15개의 국내 생명보험회사가 신설되었는데, 특히 대출 때문에 은행 문턱을 드나들던 중견 기업들이 혹 돈줄이 되나 싶어 앞을 다투어 끼어들었다.

기어코 화장품이나 속옷을 만들던 회사들도 생명보험업에 뛰어든 것이다. 불행히도 이들 신설 생명보험회사들은 10년을 못 넘기고 1997년 외환위기 이후 모조리 퇴출되는 운명을 맞는다. 어쨌건 1962년 군사정권의 보험산업 재편 시 살아남은 6개 생명보험회사들이 사이좋게 소꿉장난 하던 시절이 가고 치열한 경쟁의 시대가 오게 된다.

생명보험회사들은 예전에 거들떠보지 않았던 산골까지 진출하게 되었고 초기에는 짭짤한 실적을 올린다. 그런데 얼마 후 강원도의 T시와 충청남도의 S시에서 이상한 징후가 나타난다.[52] 신동아의 권홍우 기자에 따르면, 당시 보험가입자의 평균 입원율이 1천 명당 1.4명이었는데, 유독 그 지역에서는 1천 명당 100명에 육박했다고 한다.

기겁한 보험회사들이 조사해보니 탄광도시인 그 곳에서 광부들이 보험에 가입하고는 그냥 병원에서 누워 있었던 것이다. 광부들이 보험설계사의 지도 아래 꾀병으로 입원하고는 일당보다 많은 보험금을 탔던 것이다. 보험업계는 1989년에서 1990년까지 2년 동안 이 지역에서 최소한 700억원의 손해를 본 것으로 추정하고 있다. 그야말로 쇠락해가던 탄광촌에 보험금이 단비가 되어 내린 것이다. 이러자 보험회사들은 이 지역의 보험모집을 중단하는 극약처방을 내리고, 보험사기는 수그러진다.

하지만 얼마 가지 못하고 전국에서 조직적인 대형 보험사기들이 적발되기 시작하는데, 그 배후에는 문제였던 지역에서 활동했던 보험설계사들이 있었다. 풍선효과가 나타난 것이다.

그리고는 1997년 외환위기로 인해 보험사기가 들불처럼 번진다. 1995년 우리나라가 OECD에 가입하면서 국민은 30년 넘게 달려온 경제개발의 보상을 받을 기대에 부풀어 있었다. 그러나 기대가 컸던 만큼 궁핍으로 몰린 국민의 심신이 더욱 피폐해졌다. 이 와중에 공돈을 노리는 보험사기가 급증한 것이다.

결국 1990년대 말에 4000억 원 정도였던 보험사기 규모가 2010년에는 3조 4000억 원, 지금은 5조 원으로 추정되기에 이른다.[53] 이런 규모는 전체 보험금의 10% 정도로 파악되지만, 나는 보험사기와 관련이 적은 저축성보험의 환급금을 제외하면 그 비중이 무려 14%에 육박하는 것으로 본다.[54]

보험사기 규모에 대해서 과하다 아니다 논란이 있다. 하지만 인터넷에서 보험사기 기사를 검색해보면 고등학생에서 의사에 이르기까지 우리 사회 곳곳에 보험사기가 침투해 있음을 알 수 있다.

앞서 이야기된 T시에서는 2011년 사상 최대의 보험사기가 적발된다.[55] 10여 년 전과 마찬가지로 가짜 환자로 꾸며 보험금을 부당 청구하는 수법으로 타낸 보험금이 150억 원대에 이르렀고, 병원장, 보험설계사, 주민 등 410명이 형사 입건된다. T시 인구가 5만여 명이니 주민의 1% 가깝게 보험사기에 연루된 셈이었다.

경기도 화성이 영화 〈살인의 추억〉의 배경이었듯이, T시는 그야말로 "보험사기의 추억"의 로케이션 순위 1번이 된 것이다.

지능과 치밀함, 그러나 잔혹한 보험사기

이처럼 보험사기가 만연하게 된 이유는 앞서 이야기한 보험사기의 은밀성에 있다. 하지만 이웃나라 일본은 보험사기 누수율이 전체 보험금의 2% 정도라고 하는데, 왜 우리나라는 10%를 넘는지에 대한 합당한 설명이 있어야 한다.

우리나라의 국민의식을 탓하는 식민주의 사관에 젖은 자학적 신문 기사는 식상하다 못해 역겹다. 보험회사들의 보험료를 올리려는 음모라는 시민단체의 주장은 피해망상에다 지나치게 정치적이기까지 하다.

보험이론에는 "위태危殆 hazard"란 개념이 있다. 위태는 위험이 발생할 가능성에 영향을 미치는 조건을 뜻한다. 예컨대, 창고에 어떤 물건을 저장하느냐에 따라 화재 위험이 달라지는데, 철근을 쌓아놓을 때보다 의류를 보관할 때 더욱 위태하다.

마찬가지로 우리 사회의 보험사기 위태 즉, 보험사기를 부추기는 환경이 조성되었기 때문에 보험사기가 빈발하는 것이다. 그런 환경이 무엇인지는 다음 장에서 살펴본다.

다시 영화로 돌아가자. 보험사기는 탈세의 뒤를 잇는 대표적인 화이트칼라 범죄로 꼽힐 만큼, 높은 지능과 치밀한 계획을 요구한다.

우리는 제6등급(상해)을 목표를 일을 진행해야 할 것입니다.

제6등급에는 1번, 두부 및 안부에 영구히 부상을 남겼을 때, (대철은 장도리로 마네킹의 머리를 내려친다.)
2번, 한쪽 눈의 시력을 영구히 잃었을 때, (이번에는 마네킹의 눈을 가격한다.) 3번 추간판탈출증 (이번엔 허리를 친다.) 소위 디스크라고도 하죠.

〈하면 된다〉에서 아들 대철은 가족 앞에 마네킹을 세워 놓고 어떻게 하면 효과적으로 상해보험금을 타낼지 설명한다. 역시 답은 허리디스크로 알려진 추간판탈출증이었다.
한쪽 눈과 디스크 중 어떤 곳을 고를지 너무나 자명하지 않는가. 요추염좌는 경추염좌와 함께 보험사기의 단골 메뉴이다.

도티는 5만 달러를 못 받아. 이 녀석아. 렉스! 렉스가 5만 달러를 받는다고. (분노를 이기지 못한 안셀이 아들을 주차된 차로 밀치고 소리친다.)
……
내가 그렇다고 들었어요. 렉스가 그렇게 말했다고요. 렉스가! (아들 크리스가 억울하다고 맞고함을 친다.)
……
누가 킬러 조에 대해 얘기해줬지? (안셀이 혹시나 하며 크리스에게 묻는다.)
오. 맙소사. (그제야 크리스는 자신이 렉스에게 속았다는 것을 알아차린다.)

호러물의 백미인 〈엑소시스트Exorcist〉(1973)를 감독한 윌리엄 프리드킨

William Friedkin이 오랜 공백을 딛고 메가폰을 잡은 〈킬러 조Killer Joe〉에서, 마약 딜러인 크리스(에밀 허쉬 분)는 갱에게 진 빚을 갚기 위해 패륜을 저지른다. 그는 아버지와 짜고, 여동생이 수혜자인 어머니의 이름으로 가입된 보험금을 타기 위해 어머니(가족을 버린 형편없는 여자다)를 살해하려고, 킬러 조(매튜 매커너히 분)에게 청부한다.
그러나 일을 벌인 후 어머니의 애인인 렉스가 꾸민 계략에 말려들었다는 것을 알게 된다. 렉스가 미리 자신이 보험금을 수령하도록 계약을 바꾸어 놓고 얼간이 크리스에게 살인을 부업으로 하는 경찰을 소개한 것이다. 호러영화 감독의 작품답게 갈 데까지 간 보험사기 영화였다. 공교롭게도 코미디인 〈하면 된다〉와 느와르인 〈킬러 조〉 모두 가족 사기단이 막내의 손에 죽임을 당하는 비극으로 결말이 난다.

미국 뉴저지 주에서 세운 보험사기를 저지르면 감옥행이란 고속도로변 입간판. 만약 우리나라의 경부고속도로에 이런 입간판이 세워진다면, 국민을 보험사기범으로 모냐고 비난 여론이 거세게 일어날지 모른다. 하지만 보험사기는 보험회사만의 문제가 아닌 우리 모두의 문제가 된 지 이미 오래다.

혹시 보험사기로 한 방 노리겠다는 사람이 있다면 마음을 고쳐먹기 바란다. 그게 아니라면 내가 미국 필라델피아 시에서 봤던 대로변 입간판의 내용을 알려주겠다.

"보험사기는 새로운 친구를 사귀는 가장 좋은 방법입니다Insurance Fraud is the best way to make new friends."란 글귀가 교도소를 배경으로 큼지막하게 쓰여 있었다.

헨리스 크라임
본전 심리

어떤 은행? (면회실로 찾아온 헨리가 자기의 꿈이 은행털이라고 말하자 맥스가 묻는다.)

그때 내가 털지 않은 은행이요. (헨리는 주의를 살피며 조심스럽게 말한다.)

그게 네 꿈이라고?

예.

뭔 꿈이 그래? (맥스는 전혀 이해하지 못 한다.)

실형을 살았으니, 범죄를 저질러야죠. (헨리의 목소리는 조용하지만 단호하다.)

2010년에 나온 〈헨리스 크라임Henry's Crime〉에서, 헨리(키아누 리브스 분)는 뉴욕 주 버팔로 시의 평범한 고속도로 통행료 징수원이다. 고교 졸업앨범에 가장 착한 아이라고 적혀 있던 헨리는 어느 날 야구시합에 데려달라는 동창생과 그의 일행을 차에 태워준다. 그런데 도착한 곳은 시내에 있는 어느 은행 앞이다. 일행은 은행을 털다가 도주하고, 차에서 기다리고 있던 헨리만 붙잡히고 만다.
검사도 헨리가 죄가 없다는 것을 알지만 웬일인지 진범을 불지 않는 그에게 죄를 물을 수밖에 없다. 헨리는 무장 강도죄로 3년형을 선고받고 수감 1년 후 가석방된다. 출감해보니, 교도소에 있을 때 이혼한 아내는 은행 강도 중 한 명과 살림을 차리고 있다. 아무런 희망이 없던 헨리는 우연히 문제의 은행과 인접한 극장이, 오래전 밀주업자가 파놓은 땅굴로 서로 연결되어 있다는 사실을 알게 된다. 헨리는 교도소에서 가깝게 지낸 맥스를 찾아가 자신의 계획을 담담하게 털어놓는다.

본전심리와 보험사기

연성사기란 우리가 계획하지는 않았지만 우연히 주어진 기회를 살려 부당한 보험금을 타는 경우를 말한다. 연성사기를 개인의 도덕성이나 양심의 문제로 보는 사람도 있다. 그런데 내가 보기에는 누구나 가지고 있을 법한 '본전심리' 탓이 크다.
영화에서 착한 헨리가 은행을 털려고 결심한 까닭은 미리 죗값을 치렀기 때문에 죄를 저질러도 된다고 생각했기 때문이다. 다른 사람을 밀고하지 않았기에 감수해야 했던 고통을 보상받고자 헨리는 애써 지켜온 선한 자의식을 금고 벽과 함께 부수어버린 것이다.

보험에서 헨리의 본전심리는 누구에게서나 발동하기 쉽다. 이미 낸 보험료가 마치 헨리가 보낸 억울한 수감생활처럼 느끼는 사람들이 적지 않기 때문이다.

〈헨리스 크라임〉(왼쪽). 운전자가 경추염좌를 청구한 추돌자동차(오른쪽) 뒤쪽 범퍼 왼쪽 하단에 긁힌 자국이 보인다. 이 정도면 10km/h 미만으로 비스듬히 추돌했을 것이다. 출처: 「자동차보험 경미사고 모럴해저드: 분석과 대안」, 2010년 한국보험학회 정책세미나 발표자료, 사진제공: 삼성화재해상보험

우리는 계약기간 중 보험사고가 발생하지 않으면, 보험료가 아깝고 처음부터 가입하지 않았더라면 좋았을 것이라고 생각하기 쉽다. 그래서인지 보험계약자는 작은 손해도 민감하게 청구하거나, 청구 시 가능한 많은 보험금을 받으려고 한다. 이런 현상은 자연스러운 것이지만, 일정한 통제가

이루어지지 않는다면 보험 제도 자체가 무너진다.

보험에는 도덕적 해이라고 불리는 이런 행동에 대응하기 위해 여러 제도가 마련되어 있다. 그중 하나가 일정 기간 보험사고가 없는 경우에는 보험료를 할인해주고, 반대로 보험사고가 발생한 경우에는 보험료를 할증하는 할인할증제도다. 이것은 보험료가 보험사고 위험에 비례해야 한다는 형평의 원칙에 비추어 합당할 뿐 아니라 보험계약자로 하여금 사고를 내지 않게끔 조심하도록 만든다.

이 제도가 적절하게 운용되면, 보험회사의 경영안정, 보험계약자의 보험료 절감은 물론이거니와 사회적으로도 보험사고가 감소하는 효과가 나타난다. 하지만 보험료 할인할증이 항상 적시에 적절하게 이루어지기가 쉽지 않다. 수년 전 자동차보험의 할인할증 제도를 개선하려다가 오히려 연성사기를 봇물 터지듯 일으킨 사건이 있었다.

2008년 당시 한나라당 최경환 의원이 내놓은 보도 자료는 금융감독원과 손해보험회사를 발칵 뒤집어 놓았다. 최경환 의원은 자동차보험의 할증제도를 문제 삼았다. 당시 손해보험회사는 50만 원 이상 사고를 보험으로 처리할 경우 보험료를 할증하고 있었다.

그런데 최경환 의원은 1989년에 정해진 50만 원 기준이 지나치게 낮아 손해보험회사의 배만 불리고 소비자를 우롱하고 있다고 주장한 것이다. 그는 20년 동안 자동차 가격이 크게 올라 웬만한 차는 범퍼만 수리해도 50만 원이 넘으니 물가 상승률과 경제 여건 등을 고려하여 할증 기준은 최소 200만 원은 인상되어야 한다고 지적하였다.[56)]

금융감독원과 손해보험회사들은 부랴부랴 제도개선 전담팀을 구성하고, 2010년 1월부터 자동차보험계약자가 할증 기준 금액을 50만/100만/150만/200만 원 중 하나를 선택할 수 있도록 조치하였다. 그러자 대다수의 보험계약자들은 보험료가 가장 낮은 200만 원 할증 기준을 선택하게 된 것이다.

그런데 계약자가 50만 원 상당의 수리가 필요해 정비소에 갔더니, 그곳에서 하는 말이 200만 원까지는 보험료가 오를 걱정 없이 보험으로 처리되니 이 기회에 이곳저곳 손보라고 권유하지 않는가. 그러자 보험계약자는 본전심리가 발동하여 정비소의 과다정비에 기꺼이 동참하게 된 것이다.

덕분에 자동차 정비업계는 때 아닌 호황을 맞았고, 손해보험회사의 자동차보험 손해율은 급등하였다. 결국 제도 시행 1년 만에 보험계약자가 할증 기준 금액의 일정 비율만큼 자기부담금(면책금)을 지불하는 식으로 제도가 다시 바뀌게 되었다.

이것이 현재 200만 원 할증 기준을 선택한 보험계약자가 자동차 수리를 맡기면 자기부담금을 20만 원에서 50만 원까지 부담하게 된 배경이다.[57)]

경추염좌에 꾀병이 많은가

위 사례는 선량한 이웃도 누군가 부추기면 연성보험사기를 저지를 수 있음을 보여준다. 이런 상황은 보험회사가 보험금이 아닌 현물現物로 지급하고, 현물을 제공하는 자를 통제하기 어려울 때 자주 벌어진다. 이 점에서 정비업계는 의료계에 비할 바가 못 된다.

경미한 자동차 추돌追突 사고에서는 약방의 감초처럼 따라다니는 경추염좌란 증상이 있다. 대부분의 교통사고는 인명사고가 아닌 경상으로 끝난다. 운전자가 브레이크를 밟는 탓에 시속 15km 전후의 속도에서 충돌이 이루어지기 때문이다. 그러다보니 범퍼에 약간의 흠집만 가는 경미한 사고도 상당히 많이 발생하는 것이다.

그럼에도 불구하고 운전자나 탑승자가 다칠 수 있는데, 그중 목이 삐끗하는 경추염좌가 가장 흔한 부상이다. 영어권에서는 이 증상을 마치 채찍 끝으로 맞는 듯 따끔하다고 해서 위플래쉬Whiplash라고 부른다. 그런데 대개 경추염좌는 골절이나 타박상과 달리 엑스레이x-ray는 물론 CT나 MRI로도 뚜렷하게 나타나지 않는다.

따라서 피해자가 경추염좌를 호소하면, 의사는 환자의 말을 그대로 옮긴 진단서를 끊어준다. 그러면 보험회사는 그 진단서에 근거해서 보험금을 지급할 수밖에 없다. 당연히 꾀병이 빈발할 가능성이 높은 것이다.

보험개발원이 자동차보험 통계를 분석한 결과에 따르면, 2011년에만 목상해 치료비가 5625억 원이었고 이 가운데 51%가 추돌사고에서 발생하였다. 경추염좌 입원율은 자동차보험환자가 국민건강보험환자에 비해 33배나 높다.[58]

이제 여러분은 추돌사고에 따른 경추염좌가 얼마나 잦은지 알았을 것이다. 누군가 국도에서 뒤차에게 살짝 받히고는 며칠간 물리치료를 받으면,

보험회사로부터 수십만 원에 합의하자는 제안을 받는다. 전화 한두 통을 받는 연기력과 병원을 오가는 수고만 보여주면, 일 년치 자동차 보험료를 뽑게 된다.

안타깝게도 이런 경험이 마치 무용담처럼 떠벌여진다. 그런 소리라도 듣게 되면 여러분은 너 때문에 내 보험료가 오른다고 무안을 주어야 한다.

2009년 나는 미국 매사추세츠 주의 보험사기국IFB, Insurance Fraud Bureau을 방문한 적이 있다. 보스턴에 있는 이 기관은 성공적인 보험사기 대응 모델로서 정평이 나 있다.

IFB는 2004년부터 대대적인 자동차보험을 중심으로 보험사기 적발 캠페인을 벌여 2004년 41%에 이르렀던 매사추세츠 주의 상해클레임 비율(상해사고 보험금 청구 건수/자동차 사고 건수)을 2009년 27%로 떨어뜨리는데 성공한다. 심지어 상해클레임 비율이 100%를 초과하던 로렌스Lawrence와 같은 우범 지역에서는 45%로 대폭 감소하게 된다.

그 결과 IFB는 6년간 5억 달러에 이르는 부당 보험금 지급을 방지하는 성과를 거둔다. IFB의 성공 요인은 지역사회와 연계한 보험사기 감시시스템과 의료기관에 대한 면밀한 모니터링 시스템이었다. IFB는 카이로프라틱chiropractics이나 물리치료실과 같이 경추염좌를 주로 치료하는 의료기관의 진료정보를 집적 · 분석하여 과잉 진료 등 보험사기 징후가 있는 곳을 선별하는 시스템을 구축하였다.

더욱이 미국의 많은 주처럼 IFB도 보험사기범에 대한 체포권을 갖춘 보험사기적발팀SIU, special investigation unit을 운영하고 있다. IFB의 사례는 우리에게 많은 점을 시사한다. 보험사기를 근절하기 위해서는 이를 조장하는 의료기관을 시민과 협력하여 통제하는 편이 보험계약자나 피해자를 직접 감시하는 것보다 훨씬 효과적이다.

혹자는 개인진료기록 등 민감한 정보의 유출을 우려하기도 하는데, 우리나라는 공공성을 갖춘 금융감독원에서 보험사기 적발시스템을 운영하기에 그 같은 위험은 최소화된다. 하지만 IFB의 가장 강력한 무기는 의료기관이 보험사기를 조장하다가 발각될 경우에 의사 면허까지 박탈하는 사법부의 강력한 처벌과 이를 지지하는 여론인 것이다.

의사의 유인수요

그렇다면 왜 성역 같은 의료기관이 문제인가. 그 답은 의사의 유인수요 physician's induced demand 이론에서 구할 수 있다. 의학도들은 의사가 될 때 고대 그리스 시대의 의성醫聖인 히포크라테스의 윤리 지침을 선서한다. 그런데 지금으로부터 2,500년 전에 만들어진 이 선서 내용 중 나의 환자의 건강과 생명을 첫째로 생각하겠다는 구절은 이상할 만치 돈 앞에서는 무기력한 모습을 보여주었다.

어느 전문가 집단보다도 의료계에 대한 우리의 정보는 제한적이다. 그러기에 우리는 의사 앞에서 겸허하면서도 혹시 불필요한 치료로 유인하지는 않은지 하는 의구심을 품을 때도 있다. 경제학자들은 의사 유인수요를 발견하려고 적지 않은 노력을 기울여왔다.

예컨대, 수요와 가격이 일정할 때 의사의 수가 증가하면 의사의 수입이 줄어들어 이를 보완하기 위해 진료량이 증가하거나 의료서비스 가격이 상승한다는 목표수입 가설target income hypothesis이 있다.[59] 의사는 모든 환자에 대해 진료량을 늘이지 않고, 치료비가 높은 환자에 대해 선택적으로 진료량을 증가시킨다는 이익최대화 모형profit maximization model도 제시되었다.[60] 다만, 이런 주장이 가설에 그치는 것은 실제 현상과 대립되는 경우가 적지 않기 때문이다.

하지만 이 가설들이 적어도 우리나라의 이른바 "나이롱환자"에서는 사실로 드러난다. 서양인이 우리나라에서 와서 두 종류의 옷을 보고 놀란다고 한다. 하나는 도시 거리의 수많은 등산복이고, 또 다른 하나는 병원 근처에서 어기적거리는 환자복이란다.

전염병과 같은 특별한 위험이 없는 한, 걸을 수 있으면 통원通院 치료가 원칙인 서양인의 눈으로는 좀처럼 이해하기 어려울 현상인 것이다.

우리나라 의료기관은 의원, 병원, 종합병원, 그리고 상급 종합병원으로 나뉜다. 의료법에서 의원은 외래환자를, 병원 이상 등급은 입원환자를 주로 다루는 의료기관으로 규정한다. 그런데 여기서 '주로'라는 문구 덕에 의원이 입원환자를 받아도 된다는 해석이 나오게 되는 것이다.

또한 의료법은 병원은 병상病床 30개 이상, 종합병원은 100개 이상을 갖추어야 한다고 규정하고 있는데, 의원에 대한 병상 규정은 없다. 그 결과 우리나라는 급성기 병상(급성기 병상은 외래와 장기요양 병상을 제외한 환자의 병상) 가동률이 57%에 불과한 데도 불구하고, 다른 선진국과는 달리 최근 15년간 연 14,000여 개씩 병상이 증가해왔다.

그 결과 OECD 국가 중 인구 1천 명당 병상 수가 3.8개로, 상대적인 병상 수로는 전체 순위에서 3위를 차지하게 되었다.[61] 결국 서울대학교부속병원과 같은 상급 종합병원은 몰려오는 환자들 때문에 기존 입원환자를 내보내기 바쁘지만, 의원과 병원은 병상 투자비 회수를 위해 그야말로 피 터지는 환자 유치경쟁을 벌이게 되는 것이다.

경우에 따라서는 경미한 경추염좌까지 입원시키는 등 과다한 의료행위가 이루어진다. 여기에 연 800여 명씩 신규의사가 진입하고, 보약 수요의 급감으로 어려움을 겪고 있는 한방 의료기관까지 가세한다. 신문지상에 "나이롱" 입원환자를 받았다가 적발된 이른바 "사무장 병원" 기사가 심심치 않게 오르는 이유가 바로 여기에 있는 것이다.

그런데 국민건강보험은 건강보험심사평가원에서 보험금 지급을 엄격하게 통제하고 있고 환자도 입원비의 일부를 부담해야 하므로, 나이롱환자가 끼어들 여지가 크지 않다. 따라서 꾀병 입원은 환자의 부담이 거의 없는 자동차보험, 산재보험, 민영건강보험 환자에서 나타날 가능성이 높다. 우리나라 자동차보험 환자 입원율이 일본에 비해 8.7배나 높게 나타나는 이유가 여기에 있다.

올림픽 메달 수로 추정해보면, 우리나라 국민이 일본인보다 약골일 리는 없다. 그렇다면 국민건강보험 수가보다 약 40% 가량 높은 자동차보험 수가가 주범으로 등장한다. 더욱이 국민건강보험의 수가가 원가의 70%에 못 미친다는 의료계의 주장이 사실이라면, 그 적자를 자동차보험 환자로 메우는 의료기관이 적지 않다는 얘기가 된다.
하지만 의사들의 반론도 나름 탄탄하다. 의료계에 따르면, 자동차사고로 인한 부상이 일반 부상보다 정도가 심각하므로 수가가 높은 것이 당연하다. 예컨대, 대퇴골 골절도 대개는 한두 곳 부러지는 단순골절이지만, 자동차사고에서는 조각조각 부서지는 복합골절이 흔하므로 강도 높은 치료와 요양이 필요하다.

매사추세츠 주의 IBF가 가진 인프라와 환경은 우리나라 보험회사에게는 꿈과 같은 현실이다. 우리나라 보험회사는 의료기관의 진료 정보에 접근할 수도 없으며, 보험사기 적발팀은 수사권은커녕 전직 경찰을 고용했다며 마치 보험회사와 공권력이 야합을 한 것처럼 언론으로부터 두드려 맞기가 일쑤다.
그래도 금융감독원이 보험사기를 감시 적발하는 시스템을 강화하는 등 보험사기 척결을 위한 노력은 꾸준히 이루어지고 있다. 하지만 보험소비자가 보험사기의 책임을 모두 져야만 하는가. 그렇지 않다. 오늘날 보험사기가 극성을 부리게 되기까지 보험회사의 책임이 가장 무겁다고 할 수 있다.[62)]

〈경추염좌의 유래〉63)

경추염좌Whiplash란 자동차 추돌 시 몸은 앞으로 머리는 뒤로 움직이면서 목 부위가 늘어나게 됨으로써 발생하는 여러 가지 증상을 말한다. '위플래쉬Whiplash'란 용어는 1928년 미국의 정형외과 의사인 크로우H. Crowe 박사에 의해 만들어졌다. 경추염좌는 처음에는 만성적 상해로 진단되다가 이후 외상신경증traumatic neurosis 등 정신적인 증상으로 인식되는 추세다. 하지만 크로우 박사의 회고는 경추염좌의 본질을 다시 한 번 생각하게끔 한다.

"1928년 젊은 정형외과 의사였던 나는 샌프란시스코에서 열린 학회에서 여덟 건의 경부 부상 사례를 발표하면서, 청중들에게 이 같은 환자들에게 어떤 일이 일어났는지를 말해달라고 부탁했을 뿐이다.… 나는 그날 이후 (위플래쉬Whiplash라는) 신조어를 만들어 낸 것을 후회하고 있는데, 그 이유는 그 신조어가 거짓이라고 밝혀졌기 때문이다.… 나는 결코 Whiplash라는 용어를 발표한 적이 없다. 하지만 그 말이 전국적으로 퍼지면서 논문에 실리고 비전문가, 변호사 그리고 의사들이 아무런 생각 없이 사용하는 일상어가 되고 말았다."
 – Crowe H; 1958.

경추염좌의 진단이 신체적 상해에서 정신적 장해로 바뀌는 것이, 19세기에 유행했던 "레일웨이 스파인railway spine"의 경우와 매우 유사하다. 이것은 당시 빈번했던 기차 사고 후 나타나는 특별한 증상을 의미하는데, 환자는 충돌 직후에는 별 이상이 없다가 시간이 지나고 나서 두통, 경직, 불안, 집중력 저하 등 지금의 경추 상해와 유사한 증상을 호소했던 것이다. 당시 레일웨이 스파인을 놓고 꾀병이라는 철도회사의 주장과 만성적 상해라는 의학계의 주장이 서로 팽팽하게 맞서다가, 끝내는 외상신경증이란 이론이 통설이 된 적이 있다.

KBS TV 뉴스 (2014년 7월 30일)

자업자득

서울 ○○경찰서는 허위 입원으로 7억 원이 넘는 보험금을 타낸 60대 김 모 씨 부부를 사기혐의로 불구속 입건했습니다. 이들은 지난 2007년부터 6년 동안 50여개 보험 상품에 가입한 뒤 두통이나 요통 등의 증세를 과장해 70여 차례나 병원에 입원하고 보험금 7억 5천여만 원을 타낸 혐의를 받고 있습니다. 경찰은 병원 측의 공조 여부도 조사하고 있습니다.

이런 뉴스를 들을 때마다 허탈감을 느낀다면 여러분은 분명 정직한 보험 계약자다. 여러분 중에는, 도대체 저 부부가 어떤 보험에 가입했기에 이런 일이 가능했으며, 보험회사끼리 그 많은 보험금을 지급하고도 서로 모를 수 있나, 하며 의아해할 사람도 있을 것이다.

이제 보험회사들이 허술한 보험계약 심사로 이 같은 상황을 자초한 이야기를 해보자. 언더라이팅underwriting이라고도 불리는 보험계약 심사는 보험계약을 청약한 내용에 문제가 있는지, 보험료는 적정하게 책정된 것인지 등을 심사하는 보험회사의 핵심 업무이다. 언더라이팅을 강화하면 아무래도 영업에 제동이 걸리므로 보험회사 내부적으로 언더라이팅 부서와 영업 부서끼리 부딪히는 일도 잦다.

그런데 과거에는 보험회사 경영진이 언더라이팅보다 영업에 무게를 두고, 도덕적 해이로 인한 비용을 보험계약자에게 그대로 전가해왔다. 이런 전략은 보험사기가 소수의 범죄였고, 보험회사끼리 이른바 형님 먼저 아우 먼저, 하면서 일정한 수익을 내던 시절에서나 통했다.

하지만 1980년대 후반부터 시작된 보험산업 시장 개방으로 보험회사들이 치열한 경쟁으로 몰리게 되었다. 또한 그나마 명맥을 이어온 언더라이팅은 유명무실해지면서 보험사기는 들불처럼 번지게 된다.

한편 2000년대에 들어와 금융겸업화의 무한경쟁 속에서 보험회사들은 신성장 동력을 찾기에 혈안이 되었고, 고령화와 웰빙 바람으로 소비기반이 다져진 민영건강보험이 각광을 받기 시작했다. 생손보 가릴 것 없이 모든 보험회사들이 민영건강보험이란 "블루오션blue ocean"을 선점하기 위하여 상품개발에 박차를 가했다. 소비자에게 어필하기 위해 경쟁하다보니 무리한 상품도 출시되었다.

하지만 그런 상품일수록 잘 팔리기 마련인지라, 다른 보험회사들이 재빨

리 카피하여 이름만 바꾸어 출시하는 일이 비일비재했다. 대표적으로 쌀알만 한 갑상선암에 수천만 원에 달하는 암 진단금을 지급하는 암보험 덕에 유럽행 비행기를 타는 가족여행객이 늘어났고, 하루에 십만 원에 가까운 입원비가 〈하면 된다〉 같은 가족사기단을 만들어 냈다.
결국 정액형 건강보험이 로또로 변질되면서 보험의 실손보상의 원칙을 보험회사 스스로가 훼손시킨 셈이 되었다. 필자가 장담하건대, 뉴스에 나온 부부 보험사기단이 가입한 50여개의 보험 중 대부분은 입원 일당을 두둑하게 주는 보험이었을 것이다.

여성시대 건강보험과 요실금 수술

보험회사가 선의로 내놓은 상품이 뜻밖에 보험사기를 조장하는 경우도 있다. 내가 참여하고 있는 보험미래포럼이 2010년에 내놓은 「건강보험의 진화와 미래」에 있는 여성시대 건강보험의 일화를 일부분 발췌하여 소개 한다.
전 세계에서 유래를 찾아보기 어려운 이 낯 뜨거운 해프닝은 단기간에 히트친 보험상품은 나중에 문제를 일으키기 쉽다는 보험업계의 속설을 여실히 보여준다.

여성시대 건강보험은 1998년에 삼성생명에서 출시한 국내 최초의 여성전용 건강보험상품으로서, 당시 월 2~3만 원만 불입하면 고혈압, 자궁암, 당뇨, 골다공증, 요실금 등 여성의 주요 12대 질환을 보장했다. 이 가운데 중년 여성의 고민인 요실금 보장이 기막힌 아이디어였다.

요실금이란 재채기나 웃음만으로도 소변을 지리는 증상으로서, 성인 여성의 30%, 65세 이상 노년 여성의 40~55%가 이 질환을 앓고 있는 것으로 알려져 있다. 하지만 수치심이나 정보 부족으로 이들 여성의 대부분이 적절한 치료를 받지 못하고 있다.[64]

그 결과 여성시대 건강보험은 대박을 쳤으며, 다른 생명보험회사들의 유사품도 줄을 잇게 된다.

그런데 출시된 지 후 2년쯤 지나자 경북의 A시를 중심으로 요실금 수술 청구가 급증하더니 전국적으로 유사한 청구가 쇄도하기 시작했다. 보험회사에서 그 내역을 보니 그 상당수는 세간에서 이른바 '이쁜이 수술'로 부르는 시술로 청구된 것으로 드러났다.

이 수술은 출산이나 노화 등으로 약화된 '여성'을 회복시키는 수술이다.[65]

일부 산부인과를 중심으로, 요실금 치료를 이유로 이 19금禁 수술이 남발된 것이다.

요실금 치료에 지급되는 최대 500만 원이 수술비와 입원비보다 높아 그 차액을 챙기기 위해 적지 않은 여성들이 수술대 위에 올랐다. 만약 이것이 아니라면, 보험설계사가 한 마을의 부인들을 대거 이 보험에 가입시키고 단체로 산부인과로 데려 가고, 요실금을 이유로 여성 성형을 12회 시술받은 사람이 나타난 사실을 어떻게 설명하겠는가.
당황한 생명보험회사들은 부랴부랴 요실금과 '여성' 수술은 서로 무관하다는 의학 전문가의 의견을 들고서, 문제가 된 병의원들을 방문하여 부당진료에 대한 항의와 설득을 펼쳤다. 그 결과 요실금 파동이 한풀 꺾이게 된다.
당시 관련된 생명보험회사의 보험금 지급액은 지금까지 밝혀진 바 없으나, 최초의 상품개발자들이 단박에 옷을 벗었다고 하니, 손실은 이루 말할 수 없었을 것으로 보인다.

2006년 국민건강보험에서 요실금 치료(비뇨기과의 정상적인 수술)를 급여대상에 포함시키면서 여성시대 건강보험의 요실금 이슈는 제2라운드에 올랐다. 예전에는 요실금 수술이 상당히 복잡할뿐더러 효과도 적었다. 그런데 인조테이프를 이용한 기법이 개발되어 합병증과 회복 기간도 줄고, 비용도 50만 원 수준으로 하락했다. 따라서 정액형 보험인 여성시대 건강보험은 실제 비용과 무관하게 200~500만 원을 지급하므로, 보험계약자는 최대 450만 원까지 차액을 챙길 수 있게 된 것이다.
그 금액은 당시 웬만한 기업의 부장 월급이었다. 그 결과, 요실금 수술이 다시 활황을 맞게 되었다. 금융감독원에 따르면, 일부 보험사의 요실금 수술 보험금 지급은 2002년 대비 2006년에 6.5배 증가하였다.

이듬해 요실금은 제3라운드에 들어서는데, 그동안 밀리던 생명보험회사들이 역전의 기회를 맞이하게 된다. 요실금 수술에 대한 국민건강보험의 요양급여 기준이 바뀐 것이다.

과거에는 간편하고 저렴한 패드테스트pad test만으로 충분했지만 요류역학검사urodynamic test를 반드시 시행하여 그 수치가 일정 수준 미만인 경우에만 국민건강보험의 적용을 받도록 기준이 바뀐 것이다.[66] 오줌줄기의 세기를 측정하는 일이 벌어진 것이다. 국민건강보험공단이 요실금 수술의 급증으로 인한 재정악화를 막기 위해 진단 기준을 강화한 것이다.[67]

국민건강보험심사평가원에 따르면, 2001년 234건이었던 요실금 수술이 6,727건으로 30배 가까이 치솟았다. 이런 국민건강보험 측의 조치에 대해 일부 의사들은 의학적 근거가 없고 선진국에서도 찾아보기 어려운 잘못된 기준이라고 지적했다.[68]

그중 일부는 배후에 생명보험회사들이 있다고 의심했다. 지금도 생명보험

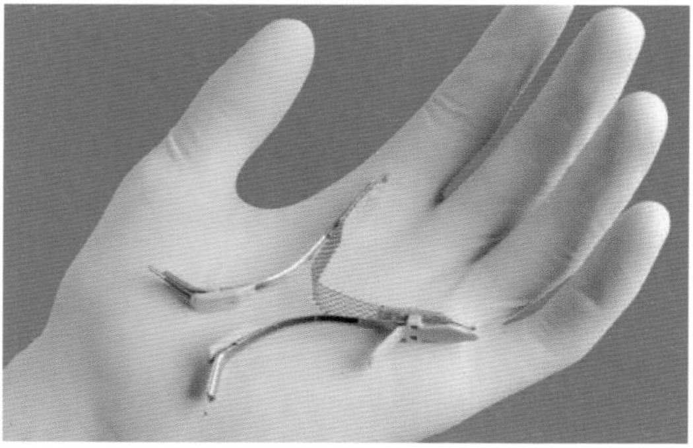

여성시대 건강보험의 요실금 파동 제2라운드를 연,
흉터 없는 새로운 요실금 테이프. 출처: 헬스조선, 2007.6.29.

회사, 국민건강보험공단, 보험계약자와 의사들이 요실금 수술을 놓고 옥신각신 하고 있으며, 이따금씩 요실금 부당청구로 병원장이 입건되는 신문기사도 나오고 있다.

어쨌든 생명보험회사들이 요실금으로 인해 지급한 보험금이 얼마인지는 정확히 알 수 없지만, 향후 지급할 부분까지 치면 1천억 원은 쉽게 넘을 것으로 추정해본다. 그만큼 보험은 예측불허이고 조심해야 한다.

보험사기꾼의 전략, 중복계약

다시 KBS 뉴스로 돌아가서 왜 보험회사끼리 부부가 50여개의 보험상품에 가입해놓고 70여 차례나 입원을 한 사실을 몰랐는지 알아보자. 몰랐다기보다는 애써 외면해왔을 가능성도 있다.

보험사기범은 한 번 사기행각에 얻는 기대이익을 극대화하기 위해, 고액의 보험계약을 맺거나 여러 개의 보험계약을 맺는다. 첫 번째 전략은 보험회사에서 자신의 소득보다 지나치게 높은 보험료를 내는 것을 의심할 수 있고, 보험금이 고액이면 지급심사 과정에서 들킬 가능성이 높다. 따라서 보험금을 여러 계약으로 분산시킴으로써 개별 회사가 선의의 계약과 구분하기 어렵도록 하는 두 번째 전략이 선호된다.

이 가운데 보험사기의 주된 타깃은 실손형 보험이 아닌 정액형 보험이다. 실손형은 말 그대로 더도 아니고 덜도 아닌 치료비만큼 보험금이 지급되므로 보험사기가 낄 여지가 적다. 그러나 정액형은 계약 시 미리 정한 보험금이 지급되기에 누군가 굴비 엮듯 꿰어 차고 보험사기를 저지를 여지가 크다.

이것을 보험회사가 모를 리 없다. 정액형을 취급하는 생명보험회사들은 1997년부터 고액보험 중복가입 정보를 교환하기 시작했고, 2003년부터 제도가 바뀌어 실손형 의료보험을 취급할 수 있게 되자, 보험회사끼리 실손형 보험의 중복가입 여부를 체크하는 시스템도 마련하였다.

그럼에도 불구하고 보험회사 스스로 보험사기가 창궐하고 있다고 인정하는 것을 보니, 이런 시스템이 제대로 작동하지 않았던 것 같다. 예를 들면, 지금이야 체크가 의무사항이지만, 2008년까지는 실손형 보험 청약자가 자발적으로 중복여부를 체크해달라고 알려야 시스템이 작동되었다.[69]

보험사기꾼이 스스로 자신이 중복가입을 했는지 알아봐달라고 해야 시스템이 작동한다니 황당하기만 한 상황이었다. 이 점에서는 손해보험회사들도 크게 다를 바 없다.

보험사기꾼이 생손보를 오가며 보험에 가입하므로 실손보상 원칙이 지켜지기 위해서는 조회에서만큼은 생손보의 구분이 없어져야 했다. 그러나 생명보험회사와 손해보험회사의 보험계약 정보조회 시스템이 연결이 되어 조회 시스템이 절름발이 신세를 면한 것은 2009년에 이르러서다. 뉴스 속의 부부가 50여개의 중복가입을 한 시기는 2007년부터였다.

지금도 법에는 중복계약 체결 확인의 의무를 어긴 보험회사나 보험모집인을 처벌하는 근거가 없다. 자고로 처벌 없이 의무를 부여한 법이 제대로 지켜지는 경우는 없다. 시장에서 자연스럽게 지켜지는 행위라면 굳이 법으로 의무화할 필요가 없기 때문이다. 따라서 정액형 보험을 중심으로 보험사기가 양산될 가능성은 여전히 존재한다.
하지만 보험가입은 어디까지나 개인의 자유의지이므로 실손보상 원칙이 적용받지 않는 정액형까지 개인의 보험계약 수나 보험금 규모를 규제하는 것은 시장에 대한 과도한 간섭이다. 이럴 바엔 정부에서 직접 보험회사를 차리라는 업계의 볼멘소리가 터져 나올 정도로 보험은 규제 천지다.
결국 보험회사의 자율규제와 협력만이 보험사기의 주범인 중복가입을 해결할 수 있다. 하지만 보험회사들이 '죄수의 딜레마'를 극복하기 어렵다. 모든 보험회사가 동시에 중복가입을 철저하게 체크해야지, 어느 한두 곳만 할 경우 다른 곳으로 보험계약이 도망가기 때문이다.
따라서 나의 매출만 빠질 위험을 감수하고 먼저 치고나갈 보험회사가 없는 것이다. 보험사기가 만연함에도 불구하고 여전히 두둑한 입원 일당을 지급하는 보험이 그것도 중복으로 맺어지는 이유가 바로 여기에 있다.

자동차사고 합의금

끝으로 자동차보험에서 도덕적 해이를 조장하는 관행도 반드시 짚고 넘어

가야겠다. 손해보험회사는 자동차사고 피해자에게 합의금을 지급하고 보험사고 처리를 종결할 때가 많다. 합의금은 정신적 보상과 향후 치료비를 미리 지급하는 의미가 있다.

보험사고 처리가 종결되려면 피해자는 부상에서 회복되어야 하는데, 보험회사는 그 과정을 모니터링 한다. 하지만 그로 인한 손해보험회사의 불확실성과 비용 부담도 만만치 않다. 따라서 손해보험회사는 약간의 웃돈을 지급하고 보험금을 조속히 확정 지으려는 유인이 있다.

보험계약자도 입원이나 통원치료를 통해 자신이 충분히 보험금을 받을 자격이 있다는 신호를 손해보험회사에 보냈으므로, 약간의 프리미엄을 받고 합의하는 것이 경제적이나 시간적으로 유리할 수 있다. 그래서인지 양자가 서로의 전략을 잘 파악하고 있을수록 합의가 일정하게 이루어지는 경향이 있다. 실제로 나는 연구를 통해 택시기사의 경미한 사고 클레임에서 평균 60만 원이란 일정한 합의금 지급 패턴을 발견한 바 있다.[70]

하지만 오히려 보험회사의 이런 전략이 노출되면서 경추염좌처럼 객관적 진단이 어려운 부상을 가장한 연성보험사기가 낄 자리가 넓어지게 된다. 더욱이 합의 과정에서는 서로 밀고 당기는 협상력을 발휘하기 마련이라서, 사람들에게 보험은 원칙과 전문성이 요구되는 분야이기보다 목청을 높이고 떼를 써야 하는 시정잡배와 같은 이미지를 남기기 쉽다.

결국은 영업제일주의

최근 보험사기에 대한 경각심이 크게 대두되고 있는데, 이는 그만큼 보험사기가 우리 사회를 심각하게 위협하고 있다는 증거다. 사실 보험회사는 수익성을 높이기 위해 그 어느 때보다 보험금 지급을 엄격하게 할 필요성을 느끼기 시작했다.

보험사기는 근본적으로 보험이 안고 가야 할 정보비대칭성 문제에 기인하며, 또한 의료기관이나 정비소와 같은 주변 환경 탓도 크다. 하지만 이런 태생적 문제나 환경적 요인은 보험회사가 영업제일주의를 포기함으로써 효과적으로 극복할 수 있다.

보험상품은 성격상 보험금이 장기에 지급되기 때문에 보험회사가 향후 지급 보험금을 고려하지 않은 채 단기의 매출 성과에 매몰되기 쉽다. 특히 경영진이 주주로부터 단기성과로 평가받는 경우에 더욱 그러하다. 그렇다면 당장 매출이 빠져도 보험사기를 줄이기 위해 언더라이팅이나 보상심사를 강화하려는 경영진을 찾아보기 어렵게 된다.

이 같은 행태는 뜻있는 학자들로부터 계속 지적을 받은 이슈이다. 따라서 그렇기 때문에 보험업계에 보험사기의 일차적 책임이 있다고 여기에서 자신 있게 말할 수 있다.

세일즈맨의 죽음 & 이대로 죽을 순 없다

자살과 생명보험

여보, 대답해요! 여보! (린다가 공포에 사로잡혀 울부짖고, 출발한 자동차가 전속력으로 질주하는 소리가 들린다.)

안 돼! (린다가 비명을 지른다.)

아버지! (비프가 계단을 뛰어 내려온다. 자동차가 질주해 사라지자 귀를 찢는 듯한 음악 소리가 작아진다.)

아서 밀러Arthur Miller의 희곡 〈세일즈맨의 죽음〉(1949)은 퓰리처상과 토니상을 수상하였으며, 영화 스크린에도 자주 오르는 명작이다. 주인공 윌리는 자식의 성공에 집착하는 나이든 고집스런 외판원이다.

윌리는 기대가 컸던 작은 아들 비프가 자신의 기대와 달리 초라한 실업자에 불과하다는 사실을 애써 외면한다. 설상가상으로 윌리는 해고까지 당하자 가족을 위해 보험금 2만 달러를 탈 목적으로 자동차사고를 내고 자살한다.

자신과 두 아들의 성공에 집착하던 평범한 세일즈맨은 자살을 함으로써 아내 린다의 장례식 인사처럼 비로소 자유로운 영혼이 된다.

〈세일즈맨의 죽음〉

〈이대로 죽을 순 없다〉

왜 자살보험금을 노리나

발달심리학자인 수전 핀커Susan Pinker는 저서 『성의 패러독스The Sexual

Paradox』에서, 〈세일즈맨의 죽음〉에서의 윌리라는 인물을 실패의 원인을 외부에서 찾아 투쟁을 벌일 뿐 절대로 자기 자신의 내부를 들여다보지 않는 남자들의 전형적인 모습이라고 진단했다.[71]
이제 사망보험금을 놓고 벌어지는 자살과 도덕적 해이의 아슬아슬한 경계를 영화를 통해 탐구해보자.

뺀질이 형사 이대로(이범수 분)는 뇌종양으로 3~4개월밖에 살지 못한다는 진단을 받는다. 그러자 이대로는 엄마 없이 기르는 초등학교 1학년 딸을 위해 사망보험금 10억 원을 타려고 일부러 죽을 짓을 골라가며 범인 검거에 뛰어든다.
마약조직의 중간 보스인 칼잡이 한칼(유해진 분)을 잡으려 이대로가 건물 옥상까지 쫓은 것도 그럴 목적이었다. 그런데 한칼이 던진 칼을 칼자루로 맞았으니 순직이 쉽지만은 않다. 이대로는 내친김에 옥상에서 뛰어내리면서 외친다.

10억이다. 10억!

그런데 하필 식당 아줌마로 변장하고 도망치는 한칼 위로 떨어질 줄이야. 필자는 요리조리 영상을 돌려보고 다음과 같은 결론을 내렸다. 이대로가 6층 건물 옥상에서 뛰어내렸으니, 한칼은 67㎏인 이대로의 에어백이 되어 한방에 저세상으로 갔을 것이다.[72] 2005년에 개봉된 영화 〈이대로 죽을 순 없다〉는 1990년 할리우드에서 나온 영화인 〈숏 타임Short Time〉과 무척 비슷하다.
〈숏 타임〉에는 은퇴를 일주일 남기고 떨어지는 낙엽도 피해가는 강력계 형사 버트(대브니 콜먼 분)가 등장한다. 그런데 생명보험 검진을 받으러 간 병원 대기실에서, 며칠 전에 대마초를 핀 것이 혈액검사로 밝혀질 수 있냐고 묻는 버스기사에게 정직하게 대답한 게 화근이었다. 버스기사는 몰래 버트와 자신의 혈액을 바꿔치기 한다. 의사들은 버트(실제로는 버스기사)에게서 희귀한 혈액병을 발견하고 앞으로 2주 반밖에 살지 못한다는 시한부 인생을 선고한다.
달랑 2만 2천 달러짜리 생명보험으로는 초등학생 아들을 최고의 명문인 하버드 대학으로 보내려는 꿈이 그야말로 물거품이 될 처지에 놓인 것이다. 이에 50세 이혼남 버트는 경찰서에서 마련한 35만 달러짜리 순직 보험을 노린다. 그런데 보험금을 타려면 범죄자의 총에 맞아 죽는 수밖에 없으므로 버트는 물불을 가리지 않는 형사로 돌변한다.

두 영화에서, 이대로는 돌아온 아내와 딸과 함께 병상에서 행복하게 잠들고(이 장면을 놓고 여전히 인터넷에서는 그가 죽었다 아니다 하며 갑론을박 중이다), 버트는 재결합한 가족과 함께 죽은 버스기사의 장례식에 참석하는 것으로, 영화는 끝난다.
두 영화가 우리에게 주는 메시지는 가족의 소중함이다. 영화에서 가족애가 극진한 주인공들은 가족의 가슴을 찢어놓을 자살을 선택하려고 기를 쓴다. 이대로나 버트처럼 여러분이 한두 달밖에 살지 못하고 죽는다면 어떻게 할 것인가? 어차피 얼마 살지 못할 인생, 이대로처럼 조폭에게 나 좀 찔러보라고 애원하거나, 버트처럼 폭탄 인질범 앞으로 성큼 다가설지도 모른다.
어차피 곧 죽을 운명인데, 사망보험금이 가족의 상실감을 조금이라도 덜어줄 것이며, 그래야 먼저 저세상으로 가는 사람의 마음도 편하지 않겠는가라고 생각하기 쉽다. 이런 기회주의적 상황은 보험회사에게는 반갑지 않다. 하지만 다행히 코미디물에서나 나올 법한 그야말로 어쩌다 일어나는 일이다.

보험이 자살을 유도하나

그런데 〈세일즈맨의 죽음〉에서의 윌리는 이와는 다르다. 시한부 인생도 아닌데 온전히 가족의 생계를 위해서 보험금을 탈 목적으로 자살하기 때문이다. 만약 윌리가 생명보험에 들지 않았다면 자살을 했겠는가라고 반문해보면, 보험이 자살을 촉발시키지 않았는지 의구심이 들 수 있다.
보험학자인 이경룡 교수는 보험금 수령을 목적으로 생명보험을 구입하는 행위는 생명보험제도가 악용되는 가장 심각한 경우이며, 보험제도의 사회적 기능과 그 존립의 의의를 심각하게 저해하는 행위라고 지적한다.[73]
한편, 자살을 과학적으로 분석하고자 노력하는 심리학자 토머스 조이너

Thomas Joiner는 저서 『왜 사람들은 자살하는가?Why People Die By Suicide』에서, 많은 자살자가 스스로 너무도 무능해서 사랑하는 사람들에게 위협과 짐이 된다고 '느끼는 것'이 자살 욕망의 원천 중 하나라고 주장한다.[74)]
그는 생명보험과 자살을 '짐'이 된다는 느낌으로 연결시켜, '나는 살아서보다 죽어서 다른 사람들에게 더 가치 있는 존재일 거야' 라는 식의 계산 때문에 자살을 고려하는 사람은 당연히 생명보험을 떠올리는 것이라고 지적한다. 그러기에 그는 보험금 액수가 커질수록 자살 유혹이 커질 것이란 가정을 제시하였다.
토머스 조이너가 발굴한 실증 자료로서 1931년 미국의 메트로폴리탄 생명보험회사의 자료에 따르면, 자살사망 보험금은 건당 3,580달러였으며, 일반사망 보험금은 건당 2,216달러로 나타났다. 물론 데이터도 오래되었고, 자살자 그룹과 정상적인 사망자 그룹 간 연령, 인종, 소득 등이 다를 수 있기에 그의 주장이 다소 신빙성이 떨어지지만 얼핏 보아 그럴 듯하다.

보험금을 목적으로 자살을 범하는 행위에 대해 우리 사회가 적절한 통제를 가하지 않으면, 보험은 자살 촉진제란 오명을 뒤집어쓰기 쉽다. 따라서 생명보험에서는 보험계약 후 일정기간 동안 보험회사가 자살 시 보험금 지급책임이 없는 면책기간을 두고 있다.
우리나라는 그 기간을 2년으로 정하고 있다. 그러므로 누구라도 생명보험에 가입하자마자 자살하면, 가족이 보험금을 받을 수 없으므로 꼬박 2년을 기다려야 한다. 그런데 2년이면 마음이 바뀔 수 있다. 거의 대부분 경제적 어려움 때문에 자살보험금을 노리는데, 피보험자는 2년을 굶고 지낼 수는 없기에 어떻게든 생계를 꾸리게 되고, 그렇다보면 삶의 희망도 찾을 수 있다.

자살 면책기간 연장

하지만 우리나라에서는 불행히도 2년의 면책기간이 효과를 내지 못하는 것 같다. 우리나라는 자살률은 10만 명당 33.3명으로, 2003년 이후 OECD 국가 중 부동의 1위를 차지하고 있다.

보험연구원의 자료에 따르면, 2000년 면책기간 내 자살률은 1.39%였으나 2005년 0.74%로 감소한 반면, 면책기간 이후 자살률은 2000년 2.54%에서 2005년 5.04%로 급증한 것으로 나타났다.[75] 생명보험 가입자의 자살률이 면책기간 이후에 뚜렷이 증가한 것이다.

생명보험협회의 자료에 따르면, 자살보험금 지급금액이 2009년에 1379억 원이었으며 2012년에 1733억 원으로 25.7%나 증가하였다. 또한 지금도 같은 추세를 보인다.

한화생명의 자료에 따르면, 사망보험금의 지급원인 중 자살이 2001년에는 암, 교통재해, 뇌출혈, 간경화 다음으로 5위였으나, 십 년 뒤인 2011년에는 암 다음으로 2위를 차지하고 있다.

면책기간 2년이 효과적으로 자살을 통제하지 못하게 되자 생명보험회사들은 면책기간을 2년에서 3년으로 연장하자는 안을 내놓았고, 정부도 이를 긍정적으로 검토한 적이 있었다.

실제로 일본에서는 자살 면책기간을 1998년에 1년에서 2년으로, 2004년에는 다시 2년에서 3년으로 연장한 결과, 사망보험금 중 자살보험금의 비중이 1998년 13.8%에서 2010년 9.8%로 줄였기 때문에, 그 같은 주장이 탄력을 받았던 것이다. 하지만 정부의 의도가 보험금 지급을 줄이려는 보험회사의 꼼수라는 소비자단체의 반발로 인해 3년 연장은 불발로 끝났다.

나는 이와 관련하여 두 가지 점을 지적하고자 한다. 우선 유가족을 포함한 보험소비자의 권익이 침해될 우려는 지나치지 않다. 1년을 연장하게 되면 처음에는 그럴 목적이 아니었던 자살자의 유가족이 보험금을 지급받지 못하는 경우가 발생할 것이기 때문이다. 하지만 소비자단체의 주장은 합리적이지 않다. 면책조항 연장은 확실히 보험금을 줄이기 위한 것이다. 최종 목적이 자살을 줄이자는 것이지 보험회사의 적자를 줄이기 위함은 아니라는 것이다. 바로 이 점을 놓치고 있다. 단지 보험회사의 이윤 추구가 직접적인 동기가 되었을 뿐인데, 이런 동기조차 마치 불순한 것으로 몰아가는 것은 시장경제에서는 적절하지 않다.

또한 자살보험금이 줄면 다소 시차는 있겠지만, 그만큼 보험료도 줄어들어 모든 보험계약자에게도 도움이 된다. 따라서 3년으로 연장하자는 안은 여전히 합리적이고 설득력이 있는 것이다. 하지만 안타깝게도 생명보험회사들은 최근의 사건 때문에 이 논의를 재점화할 기회를 날려버리고 만다.

자살도 재해사망인가?

2013년 금융감독원은 ING생명보험회사 정기검사를 하면서, 재해사망 특약에서 계약 2년 후 자살한 90여 건의 200억 원의 보험금이 미지급된 것을 발견했다. 그리고 ING뿐만이 아닌 다른 보험회사에서도 이와 유사한 일이 벌어진 것으로 드러났다. 생명보험회사들이 종신보험 등의 주 계약에 붙인 재해사망 특약에 모호한 표현이 있어, 청약일로부터 2년이 경과한 자살 건에 대해 재해사망 보험금을 지급해야 하는 상황이 발생한 것이다.

보험회사마다 다소 차이가 있지만 예를 들면 다음과 같다. 약관 내용에 '보험금을 지급하지 아니하는 보험사고'라는 항목이 있어 회사가 보험금 지급사유가 발생할 때에는 재해사망 보험금을 지급하지 않고 동시에 특약을 해지할 수 있는 경우를 밝히고 있다.

그런데 그런 경우의 하나로서 피보험자가 고의로 자신을 해친 경우라고 밝히는 것까지는 좋았다. 하지만 바로 뒤에, "그러나 피보험자가 특약의 책임개시일로부터 2년이 경과된 후에 자살하거나 자신을 해침으로써 제1급의 장해상태가 되었을 경우에는 그러하지 아니합니다"라는 단서조항이 있었다. 결국 피보험자가 자살하거나 자살을 시도하다가 반신불수가 되면, 재해사망 보험금을 지급하게끔 해석된 것이다.

앞서 〈이중보상〉에서 나왔듯이 재해사망은 확률이 낮으므로 보험회사는 일반 사망보다 훨씬 높은 보험금을 제시하는 마케팅 전략을 쓴다. 금융소비자연맹의 주장에 따르면, 생명보험회사들은 약속한 재해사망 보험금이 아닌 일반사망 보험금으로 지급해왔는데, 그 차이가 작게는 2배에서 크게는 10배에 이른다.

내가 알아본 바로는, 처음에 이 상품을 개발한 담당자가 자살은 재해사망에 해당되지 않는다는 내용을 깜박 잊었고, 다른 보험회사들이 이를 그대로 베끼는 바람에 일이 이렇게까지 벌어진 것이다. 이를 뒤늦게 안 생명보험회사들이 부랴부랴 약관을 고쳤지만, 시민단체는 이미 발생한 자살에 대해서는 소급할 수 없으므로 지급 약속을 지켜야 한다는 주장을 폈다. 이에 대해 2014년 말 ING생명은 기초서류 위반에 따른 기관주의와 과징금을 내린 금융감독원의 제재에 대해 행정소송을 냈다.

더욱이 최근에는 관련 보험금 지급 요구에 대해 보험금 지급 면책소송까지 이루어져 여론이 좋지 않은 방향으로 흐르고 있다. 재판 중인 이슈이므로 여기서 나의 개인적 의견은 밝히지 않겠다. 하지만 이 같은 상황은 보험학원론 강의에서 약관상 모호한 부분이 있을 경우에, 법원은 보험계약자의 손을 들어준다고 가르쳐왔던 보험학자들을 적지 않게 당황하게 만들고 있다.

어쨌든 보험산업에도 이른바 '베끼기' 문화가 여전히 성행하고 있는 점은 유감이다. 어느 보험사의 신상품이 히트할 것 같으면 자세히 살펴보지도 않고, 짝퉁을 내놓기 바쁜 관행이 결국 대형 사고를 친 것이다. 하기는 우리나라에서 자살이 너무 많아 거의 재해 수준에 이르렀는지도 모른다.

이런 상황에서 생명보험회사들은 당분간 자살 면책기간 연장을 입 밖으로 꺼내지도 못할 것 같다.

자살률 감소를 위한 제안

자살률을 줄이는 방법은 다양하다. 이왕에 보험과 자살이란 주제를 다룬 만큼 오지랖을 넓혀 보자. 금융권 차원에서 소상공업자와 개인에 대한 대출 이자율을 낮추고, 대부금의 추심 방법을 바꾸는 방법이 생명보험의 자살 면책기간 연장보다 자살률 감소 효과는 클 수가 있다.
이 아이디어는 국문학자인 천정환 교수의『자살론』에서 소개된 일본변호사협회의 제안을 그대로 옮긴 것이다. 금융에 대한 정확한 이해와 지식이 부족한 인문학자나 변호사의 주장이라고 볼 수도 있다.
하지만 나의 생각으로는 국가의 지원이 있으면 충분히 실행이 가능하고 효과적인 방법이다. 하여튼 자살 면책기간의 연장은 자살을 어느 정도 감소시키는 효과를 기대할 수 있기에 충분히 합리적인 방법이라고 할 수 있다.

내가 이 책을 쓰기 위해 〈이대로 죽을 순 없다〉를 다시 보다가 예전에 몰랐던, 종영 자막 이후에 나오는 편집 장면을 보게 되었다.

십 억!

(한숨) 5분 동안 내 마음을 정리하고...

어어~ 이게·· 악~

영화의 편집된 장면에서 이대로는 5분만 더 생각해보자고 뒤로 물러나려다 발을 헛디뎌 아래로 떨어진다. 이대로처럼 자살하려는 사람이 5분 안에 마음을 정리할 수 있다면, 마음을 바꿀 수도 있다. 그 기간이 2년이면 더 많은 사람들이 생각을 달리할 것이고, 만약 3년의 기간이 주어진다면 더 많은 사람들이 삶의 의지를 다질 것이다.

무엇이 진정한 보험소비자 보호인지 여러분도 생각해보길 바란다.

만병의 근원, 정보의 비대칭성

쥬라기 공원
소심한 보험, 담대한 결과

천국으로 가는 여행 & 메멘토
믿기 어려운 이유

레인메이커
부실보험사, 불량상품

쥬라기 공원

소심한 보험, 담대한 결과

레몬 시장 이론

여러분은 왜 이렇게 보험회사와 보험계약자 사이에 말도 많고 탈도 많은지 궁금할 것이다. 1963년 케네스 애로우Kenneth Arrow는 주로 어느 한 쪽이 상대편보다 더 많은 정보를 가졌을 때 나타나는 비대칭적 정보asymmetric information에 관한 논문을 발표한다.

그에 따르면, 정보의 비대칭성으로 인해 정보를 많이 가지고 있는 측에서 그렇지 못한 측을 속이려는 유인이 발생한다. 애로우의 이론은 1970년 조지 애커로프George Akerlof의 「레몬시장 Lemon Market: 품질의 불확실성과 시장 메커니즘」이란 논문으로 보다 실감나게 설명된다.

애커로프가 예로 든 중고차 시장에서 판매자는 자신의 차에 대해 자세하게 잘 알고 있는 반면, 구매자는 그렇지 못하므로 정보는 비대칭적일 수밖에 없다. 따라서 구매자는 눈앞에 놓인 중고차의 상태를 정확하게 알기 어려우므로 좋은 차peach와 똥차lemon의 중간 가격으로 구매하려 할 것이다. 그러면 상태가 좋은 차를 팔려는 사람들은 제값을 받기 어려우므로 시장에서 빠져나가게 되고, 중고차 시장에는 똥차만 넘쳐난다는 게 그의 설명이다.

그런데 우리가 레몬을 놓고 복숭아 값을 받겠다는 사람에게 도덕적 잣대를 들이대면 천년만년이 지나도 이 문제를 해결하지 못한다. 왜냐하면, 주어진 상황에서 이익을 극대화하려는 것이 인간의 본성이기 때문이다. 어리벙벙한 경제학과 일학년이었던 나를 매혹시켰던 "인간은 탐욕스럽다 Human is greedy"란 가정은 여전히 위력을 발휘하고 있다.

50여 년 전 애로우는 이 문제를 해결하기 위해 시장은 보증이나 인증제도 등의 장치들을 고안한다고 지적한 바 있다. 오늘날 중고차 딜러들은 주행거리나 품질에 대한 보증을 제공함으로써 레몬시장을 방지하고자 노력한다.

정보의 비대칭성과 역선택

보험회사와 보험계약자 사이의 정보의 비대칭성은 일방적이지 않다. 보험회사가 보험계약자에 대해 정확하게 모르는 만큼 보험계약자도 보험회사에 대해 그리 아는 바가 없다.

보험회사가 보험계약자를 모를 때 나타나는 현상에는 크게 두 가지가 있다. 보험회사가 정보의 비대칭성으로 인해 겪는 어려움을 경제학에서는 역선택adverse selection과 도덕적 해이moral hazard로 구분한다. 역선택이란 보험회사가 평균적인 사람을 위해 만드는 보험에 실제로는 평균보다 보험사고 확률이 높은 사람들이 가입하는 현상이다.

보험회사가 암에 걸릴 가능성이 낮은 일반인을 위해 이들의 데이터를 이용해 암보험을 만들어 막상 시장에 내놓으면, 건강한 사람보다는 이미 암에 걸렸거나 암에 걸릴 확률이 높은 사람들이 가입하겠다고 줄을 선다. 따라서 역선택을 방치할 경우, 보험회사는 예상보다 훨씬 큰 보험금을 지급하므로 감당하기 어려운 손해를 보게 되고, 자칫 파산에 이르러 선량한 보험계약자도 피해를 입게 된다. 보험에서는 언더라이팅underwriting이란 장치를 통해 이 문제를 해결한다.

언더라이팅은, 로이즈 오브 런던Llyods of London에서 해상보험업자들이 선박과 항해에 대한 위험을 평가한 후 보험계약에 참여한다는 의사표시로 보험계약서에 자신의 이름을 서명하였던 관행 때문에 붙여진 이름이다. 현재 언더라이팅은 보험뿐만 아니라 상업은행이 수행하는 회사채 평가 등 금융권에서 리스크 평가가 따르는 업무에서 광범위하게 사용되고 있다.

언더라이팅은 청약자가 보험회사가 의도한 종류와 수준의 위험을 안고 있는지 여부를 판단하고, 보험 인수 여부를 결정하며, 인수한다면 계약자의 위험 대비 보험료가 적정한 수준으로 책정되었는지도 심사하는 매우 중요한 업무다.

따라서 언더라이팅을 제대로 수행하기 위해서는 보험계약자 또는 보험대상물에 대한 정확한 정보가 필수적이며, 이를 확보하기 위해 보험회사는 부단한 노력을 기울이게 된다. 하지만 보험계약자의 본성이 가능한 자신에게 불리한 정보를 숨기려고 노력하기에, 우리 사회는 보험제도의 유지를 위해 언더라이팅을 돕는 제도를 만들어 놓는다.

우리나라도 상법에서 고지의무 위반으로 인한 계약해지를 허용하고 있다. 즉, 보험계약 당시에 보험계약자 또는 피보험자가 고의 또는 중대한 과실로 인하여 중요한 사항을 보험회사에 알리지 않거나 부실하게 알리지 않는 경우에 보험회사가 그 사실을 안 날로부터 1개월 내에, 계약을 체결한 날로부터 3년 내에 계약을 해지할 수 있다.

보험의 숨은 공헌, 언더라이팅

여러분은 〈쥬라기 공원Jurassic Park〉에 나오는 마틴이란 이름을 들으면 고개를 갸우뚱할 것이다. 하지만 티라노사우루스와 마주치자 애들을 내팽개치고는 저만 살겠다고 간이화장실에 숨었다가 변기 위에 앉은 채 공룡 입으로 들어간 인물이라고 하면 누구나 떠올릴 것이다.

마틴은 직원이 랩터에 의해 죽은 사건이 발생하자 투자손실을 가져올지 모를 공원의 안전을 평가하기는 위해 온 변호사다. 그런데 영화에서는 마틴이 소심하고 자신의 안위만을 살피는 비겁자로 그려지고 있다. 따라서 이것저것 따지는 보험회사에 질렸던 사람이라면, 공룡에 잡아먹히는 마틴을 보며 고소해했는지 모른다.

사람의 성격과 직업을 오버랩 시킨 스티븐 스필버그Steven Spielberg 감독의 의도는 뻔하다. 하지만 언더라이터의 신중함과 전문성이 보험회사는 물론 우리 사회에 어떠한 도움을 주는지를 이해하면 그 생각은 달라질 것이다.

〈쥬라기 공원〉에서의 마틴은 원작소설에서는 랩터와 싸우는 공원 직원을 돕는 용감한 변호사다. 하지만 영화에서는 화장실에 숨어 있다가 공룡 간식거리로 바뀐 비겁자로 등장한다.

작전에 실패한 군인은 용서받아도 경계에 실패한 군인은 용서받지 못한다는 군대의 불문율이 있다. 손자병법에서도 싸우지 않고 이기는 것이 최선이라고 했던 만큼, 적의 동태를 미리 파악하여 대비하여 전쟁을 방지하는 것이 무엇보다 중요하다.

하지만 적으로부터 기습을 받더라도 승리를 거둔 군인은 영웅이 되지만, 경계를 철저히 하여 아예 기습을 허용하지 않은 군인은 자기 할 일을 했을 뿐이라는 평가를 받는다. 그런데 진정한 영웅은 후자일지 모른다. 마찬가지로 일선에서 보험사고를 방지하기 위해 노력하는 보험회사의 언더라이터가 우리 사회의 숨은 영웅unsung hero이다.

특히 손해보험에서 그런 역할이 두드러지는데, 예를 들면 해상보험에서 그 방면에 전문성을 갖춘 언더라이터가 현장을 방문해서 선박이 적절한 구조와 안전 체계를 갖추고 있는지를 보고 보험인수 여부를 판단한다. 만약 선박의 상태가 만족할 만한 수준이 아니라면, 보험인수를 거절하거나 보험계약의 조건으로 시설 개선을 내걸 수 있다. 선박회사는 영업을 위해서 해상보험에 가입해야 하므로 보험회사의 요구에 맞추려고 노력할 것이고, 결국 그만큼 사고의 위험은 줄어들게 마련이다.

따라서 언더라이팅은 원래 역선택 방지와 보험금 통제를 위해 수행되었으나, 사회적으로 사고를 줄여 인명과 재산 피해를 감소시키는 효과도 있다. 이것이 보험이 우리 사회에 줄 수 있는 가장 큰 선물이 아닐까 싶다. 안타깝게도 언더라이팅이 이루어졌다고 해도 보험계약자의 도덕적 해이로 대형사고가 발생하기도 한다.

언더라이팅 실패와 세월호 비극

2014년 4월 우리의 가슴을 찢어놓은 세월호 침몰이 있었다. 2014년 12월에 8개월에 걸친 조사 끝에 발표된 해양안전심판원의 보고서에 따르면, 세월호는 일본에서 중고선으로 도입된 이후 객실을 증설하면서 무게중심이 51센티미터 상승하여 복원성이 약화되었다고 한다.

세월호는 개조를 거치면서 화물적재량이 2,437톤에서 987톤으로 줄고 평형수 적재량이 최소 307톤에서 1,703톤으로 늘었는데, 인천항에서 출항할 때의 화물은 2,143톤으로 과다적재였으며, 평형수는 761톤으로 과소적재 상태였고, 사고 당시 조타수가 타각을 필요 이상으로 꺾는 바람에 선체가 좌측으로 15~20도 기울어진 상태에서 고정된 화물이 쏠려 복원력을 상실하여 바닷물이 선체로 유입되어 침몰한 것으로 조사되었다.[76)]

최장집 교수는 세월호 사건에 대해 다음과 같이 언급하고 있다.[77)]

"민간업체 소유의 선박검사, 기술 검토 및 관리 역할을 맡은 것은 '한국선급'이었다. 해수부 내지 해경 관리 하의 비영리 외주 법인기업인 한국선급은 이번 사건에서 사고의 한 원인 제공자로 나타나고 있다. 이번 사고는 선박의 대대적인 개조에 의한 구조적 결함의 결과임을 보여주었는데, 청해진해운이 선박의 실제 개조와는 다른 도면을 제출했고, 한국선급은 도면이 엉터리임을 알고도 눈감아준 의혹을 받기 때문이다."

하지만 한국선급Korean Register의 입장은 다르다. 재판에서 한국선급은 세월호가 중개축으로 복원성으로 나빠질 것이 예상되자, 화물을 줄이고 평형수를 많이 싣는 조건으로 중개축을 허용했다고 진술했다.
아직 판결이 나오지 않아 한국선급의 책임 여부를 단정 짓는 것은 적절하지 않다. 하지만 우리 사회의 안전 불감증, 공무원과 업계의 유착, 정부의 위기관리 능력 부재 등이 총체적을 결합되어 세월호 참사를 낳았다는 생각에 이의를 달 사람은 아무도 없을 것이다.

세월호에 대한 보험금은 민영보험회사인 메리츠화재가 77억 원, 선주들의 조합인 해운조합이 36억 원에 이르며, 이 가운데 53.7%인 61억 원을 코리안리가 재보험으로 인수했다. 보험회사의 입장에서는 우리나라의 수많은 선박에 대해서 일일이 승선해서 위험을 평가하기 어려우므로 대개 공신력 있는 정보에 의존한다. 세월호의 경우에는 한국선급에서 발행하는 선급인증서가 바로 그런 정보가 된다.
그런데 최장집 교수의 주장이 맞는다면 보험회사는 잘못된 정보에 의존해서 언더라이팅을 수행한 셈이 된다. 영화 〈로이즈 오브 런던〉에서 지적하듯이, 보험에서 정직한 정보가 얼마나 중요한지를 새삼 일깨워주는 셈이 된다.
반대로 한국선급의 주장이 맞는다면 청해진해운은 한국선급의 요구를 무시하고 평형수를 충분히 채우지 않은 채 과적한 것이다. 이것은 보험계약자의 도덕적 해이에 해당된다. 다만 청해진해운의 도덕적 해이를 보험회사에서 통제하기가 어렵지만, 선박회사의 공제조합인 해운조합은 충분히 그럴 수 있지 않았을까 하는 아쉬움이 남는다.

해운조합이 청해진해운의 무책임한 운항을 파악하지 못했다면, 그리고 다른 여객선사에도 그와 유사한 안전불감증이 만연해 있다면 협회라고 불릴 자격조차 없는 것이 아니겠는가. 따라서 보험회사에 비하여 선주를 보다 잘 알고 있는 해운조합은 그만큼 선박보험의 언더라이팅을 더욱 엄격하게 수행했어야 한다. 하지만 해운조합의 운항관리자 등이 인천항에서 출항한 세월호 등의 여객선의 안전 상태를 제대로 점검하지 않고 허위로 안전점검 보고서를 작성한 혐의로 기소된 바 있다.[78]

결국 선박의 중요 정보가 거짓이었거나, 보험계약자인 청해진해운의 도덕적 해이로 인해 사고예방이란 보험의 순기능이 세월호에서 작동하지 못한 것이다. 그리고 앞의 두 가지 중 어떤 것이 되더라도 일부 언론에서 보도했듯이, 보험회사가 '고의 또는 중과실로 인한 사고'를 이유로 보험금 지급을 거부할 수 있는 근거가 된다. 즉, 검찰이 세월호 사고의 원인으로 지목한 '무리한 증축과 과적, 조타 미숙' 모두 고의나 중과실로 볼 수 있는 만큼 보험사가 면책을 주장할 수 있다.

세월호 사건이 우리 사회에 엄청난 충격을 주었던 만큼 보험회사가 여론 부담을 이기고, 면책을 주장할지는 예단하기가 어렵다. 하지만 동일한 사건이 미국과 같은 서양에서 발생했다면 엄청난 시간과 비용이 소모될 소송감이다.

보험회사 내 언더라이팅의 위상

이제 여러분은 보험에서 언더라이팅이 얼마나 중요한지, 지나칠 정도로 꼼꼼하고 사소한 일에 목숨 거는 보험회사의 언더라이터가 우리 사회에 왜 필요한지를 알았다. 하지만 아쉽게도 우리 사회가 안전불감증을 쉽게 극복하지 못하듯이, 보험회사도 언더라이팅을 애써 무시하곤 한다.

계약심사를 강화하면 영업에 악영향을 준다는 인식이 보험회사에는 뿌리 깊게 박혀 있다. 만약 경영진이 매출을 늘려야겠다고 판단한다면, 언더라이팅 기준을 느슨하게 풀어버릴 수 있다.

그럴 경우 단기적으로 매출이 증가하지만 십중팔구 이후에는 보험금이 늘어나 장기적으로 회사 경영을 어렵게 만든다. 문제는 보험회사의 최고경영자가 거의 대부분 고용 사장이란 점이다. 따라서 이들은 장기적인 수익성보다는 단기적인 성과에 관심을 갖기 쉬운 대리인 문제agent problem로부터 자유롭지 못하다.

여기에 자동차보험과 같이 제로섬zero-sum 시장에서는 중소형 보험회사의 입지가 더욱 좁게 된다. 나는 이런 현상을 '썩은 사과' 효과라고 부른다.[79)]

내가 짧게나마 삼성화재에서 근무했을 때 있었던 이야기를 소개한다. 2000년 초반 당시 삼성화재는 현대자동차의 티뷰론에 대해 자동차보험을 판매하지 않았다. 이유는 젊은 층이 몰고 다니는 이 차의 손해율이 매우 높았기 때문이다. 높은 손해율은 과속으로 인한 인명사고가 컸기 때문이다. 스포츠카는 손해보험회사의 기피 대상 1호이다. 미국에서도 1990년대에 가장 사망사고가 많았던 차가 콜벳, 카마로 그리고 머스탱 순이었다. 아드레날린이 지배하는 젊음을 누가 말릴 수 있겠는가. 그런데 당시 회사에 고액의 보험료를 납입하는 VIP 고객으로부터 불만이 제기되었다.

이유인즉, 아들이 대학에 입학하여 바로 문제의 스포츠카를 사주면서 자신을 관리하는 보험설계사를 통해 자동차보험에 가입하려고 했는데, 회사에서 인수를 거절했다는 것이다. 이에 VIP 고객은 노발대발했고, 영업부서도 볼이 탱탱 불었다. 그러나 언더라이팅 부서는 끝까지 회사의 방침을 고수하였다. 그런데 갑자기 그 차들은 도대체 어디에 보험을 드는지가 궁금해졌다. 주위에 물어보니 대부분 중소형 보험회사에서 인수하고 있었다. 우리나라에서 모든 자동차는 법에 의해 배상책임보험 가입이 강제된다. 그러므로 어느 곳에서 인수를 거절한다면, 다른 누군가는 인수하게 되어 있다.[80]

당시 삼성화재의 자동차보험 시장점유율은 30%를 육박하였고, 삼성화재의 타깃은 안정된 손해율을 보이는 우량 고객층이었다. 따라서 자동차 운전자 전체를 하나의 사과로 보면, 어느 부분은 썩어 있는데(사고 가능성이 높은 고객), 삼성화재 등 대형 손해보험회사가 달콤한 부분을 먹어버리면 나머지 회사들은 썩은 부분을 베어 물 수밖에 없게 되는 것이다.

따라서 중소형 손해보험회사의 자동차보험의 손해율이 상대적으로 높고 그만큼 수익성은 악화된다. 내 기억에 당시 바로 문제의 모델을 적극적으로 인수하던 손해보험회사는 적자에 시달리다가 끝내 자본까지 잠식된 채 그 후로 두 차례나 회사의 주인이 바뀌었다.

천국으로 가는 여행 & 메멘토

믿기 어려운 이유

여러분이 모르는 것이 있는데, 바로 이 거울 뒤에 있는 비디오카메라입니다. 여기에 있는 모두가 카메라에 찍혔습니다.

(사고로 멈춘 버스 운전석 앞 백미러를 가리키는데, 실제로는 카메라는 없다.)

이제 제가 이 자리에 앉아 눈을 감고 열까지 세겠습니다.

……

강력하게 충고하겠는데, 여러분이 자유로운 시민으로 남고 싶다면, 아홉이 되기 전에 버스에서 내리시는 것이 좋습니다.

〈천국으로 가는 여행A Little Trip to Heaven〉에서 보험회사의 사고조사관인 에이브 홀트(포레스트 휘태커 분)는 사고로 멈추어 있는 시내버스에 올라가

좌석을 가득 메운 승객을 바라보며 조용하지만 단호하게 말한다. 그가 눈을 감고 넷까지 세자 쭈뼛거리던 사람들이 내리기 시작하더니, 결국 거의 모든 자리가 빈다.

사고버스에 승차하여 승객인 것처럼 가장하고 보험금을 타먹는 수법은 미국에서는 그리 놀랄 일이 아니다. 이런 뻔뻔한 사람들에게 별다른 조사도 하지 않고 보상한다면 세상은 그야말로 사기꾼 천지로 변하게 된다.

보험사고가 보험계약의 보험금 지급사유에 해당하는지를 조사하고, 보험금 지급규모를 산정하는 업무를 손해사정claim adjustment이라고 한다. 손해사정이 필요한 이유는 온전히 보험계약자 등 보험에 관련된 사람들의 도

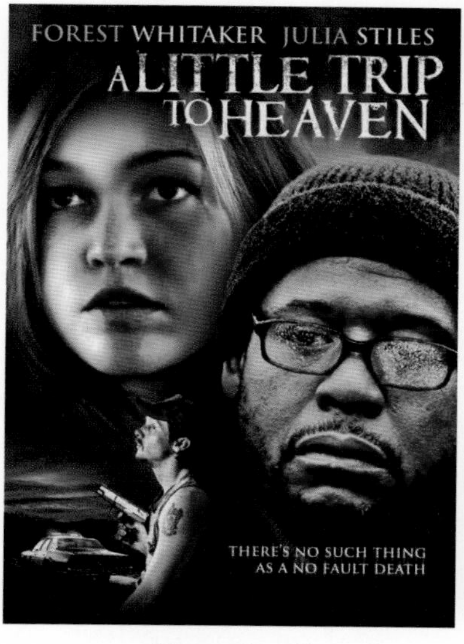

〈천국으로 가는 여행〉

〈메멘토〉

덕적 해이moral hazard에 맞서기 위해서다.

보험계약자의 도덕적 해이

보험에서 도덕적 해이란 보험회사가 보험계약 이후에 나타나는 보험계약자의 행동을 정확하게 알지 못하는 정보의 비대칭성에서 비롯된다. 원인은 같지만 발생시점에서 도덕적 해이는 보험계약 이전에 나타나는 역선택과 차별된다.

도덕적 해이의 형태는 다양하다. 예컨대, 건물주가 화재보험에 가입한 이후에는 가입 이전에 비하여 불조심을 소홀히 하거나, 운전자가 자동차보험에 가입한 이후 액셀러레이터를 좀 더 밟게 된다.[81)]

가장 노골적으로 나타나는 도덕적 해이가 바로 보험사기인 셈이다. 따라서 도덕적 해이를 방치할 경우 불필요하거나 부당한 보험금 지급이 일어나게 되고, 고의든 선의든 사고가 증가하여 사회적으로도 결코 바람직하지 않게 된다. 그래서 보험에서는 도덕적 해이를 통제하기 위하여 다양한 장치를 마련하는데, 앞서 설명한 자동차보험의 면책금제도(공제)가 그 대표적인 사례이다.

그밖에도 보험계약자가 사고 이후 손실을 최소화하려는 노력을 기울였다면, 그 때문에 들었던 비용도 보상하는 제도도 있다. 거꾸로 그런 노력을 충분히 기울일 수 있었음에도 불구하고, 그렇게 하지 않았다면 보험금 지급이 거부될 수도 있다.

예컨대, 의류 창고에 화재가 나자 창고주가 보관물을 급히 빼내던 중 마침 큰 비가 내리기 시작했다. 밖에 산더미처럼 쌓아놓은 의류박스가 비에 젖으면 불에 탄 것이나 다름없는 손해가 날 것이 뻔하다. 창고주가 비닐을 급히 구해 의류박스를 덮었다면 그 비용은 보험회사에서 부담하지만 그냥 방치했다면 보험회사는 면책을 주장할 수도 있다.

이 같은 보험계약자나 제3의 관련자의 행동을 파악하는 일이 바로 손해사정이다. 보험회사는 보험약관에 기재된 보험대상물, 보험기간, 사고원인 등이 일치해야 보험금을 지급한다. 그렇다보니 보험회사는 약관의 해석을 놓고 보험계약자와 의견일치를 보지 못하고 소송으로까지 가는 경우도 상당하고 이로 인해 빚어지는 소비자의 불만도 적지 않다.

하지만 선의의 소비자와 손실방지 의무를 다하지 않은 계약자나 악의적인 보험사기꾼을 보험회사가 관상으로 가려낼 수는 없기에 시간과 비용을 들여 손해사정을 수행할 수밖에 없는 것이다.

메멘토 속의 손해사정

크리스토퍼 놀란Christopher Nolan 감독의 〈메멘토Memento〉에는 아내의 살해를 목격하고 그 충격으로 단기기억상실증에 걸린 채 살인범을 추적하는 보험조사관인 레너드(가이 피어스 분)가 등장한다. 레너드는 10분 전의 일을 기억하지 못하기 때문에 자신을 알아보는 주위 인물이 항상 낯설다. 그 때문에 혼란과 반전이 뒤섞인 이 영화를 본 여러분 중 아직도 진실이 무엇인지 헷갈리는 사람도 제법 있을 것이다.

레너드는 중요한 정보를 잊지 않기 위해 몸에 문신을 한다. 그는 자신의 왼쪽 손등에 '새미 젠킨스를 기억하라Remember Sammy Jenkins'고 새겨 넣었다. 새미는 레너드가 조사하던 단기기억상실증에 걸린 회계사였다. 레너드는 새미로 하여금 무작위로 금속 물체들을 반복해서 집도록 하고, 그중 섞여 있는 전기충격을 주는 물체를 본능적으로 거부하는지를 관찰한다.

새미가 전기충격을 주는 물체를 전혀 기억하지 못하자, 레너드는 그의 증상이 육체적이 아닌 정신적 문제라며 보험금 지급을 거부한다. 이후 당뇨병 환자인 새미의 아내는 밀려오는 치료비에 생계가 막막해지자 절망 속에서 최후의 실험을 한다. 그녀는 남편에게 계속 인슐린 주사를 놔달라고 부탁한다.

기억을 하지 못하는 새미는 아내가 요구하는 대로 놔주다가 아내를 약물과용으로 죽게 만들고, 자신은 영문도 모른 채 정신병동에 갇힌다. 레너드는 새미의 이야기를 자신의 병과 아내를 죽인 범인을 찾아야 하는 자신의 처지를 되새기는 단서로 여기게 된다. 그런데 여러분이 레너드가 새미의 보험금 지급을 거절한 이유를 제대로 이해했는지 모르겠다.

보통 보험회사는 정신병으로 인한 치료비나 소득상실을 보상하지 않는다. 아예 보험약관에서 제외되는 손해의 원인으로 정신병을 규정하거나 언더라이팅을 통해 정신병 환자를 걸러내기도 한다. 그 이유는 정신병으로 인해 야기되는 손해의 범위와 규모를 보험회사가 예측하기 어렵고, 피보험자가 정신병을 가장할 때 그에 대처하기가 곤란하기 때문이다.
따라서 정신병은 보험시장에서는 실패하기 쉬운 영역이다. 하지만 정신질환자를 위한 보험은 있어야 하므로 우리는 국민건강보험과 같은 사회보험에서 그 대안을 찾게 된다.

여러분은 불쌍한 새미 부부를 보면서 보험회사의 냉정함을 비난할지 모른다. 하지만 원칙이 아닌 동정으로 손해사정이 이루어지면, 보험회사는 보험금을 감당하지 못하고 문을 닫기 쉽다. 무엇보다 보험의 가장 중요한 형평성이 위협받는다. 보험회사가 읍소하거나 떼를 쓰는 보험계약자에게 우는 아이 떡 하나 더 주듯 보험금을 더 지급하게 되면, 군소리 없이 보험금을 받는 다른 보험계약자를 부당하게 차별하게 되는 셈이다.
흔히 보험은 사랑이라고 한다. 나는 그 말을 들을 때마다 속이 좀 느끼해지는데, 엄정해야 할 보험에 웬 사랑타령인가라는 생각을 하는 것이다. 보험의 사랑은 보험회사와 보험계약자 사이보다는, 보험계약자끼리 서로를 돕겠다는 무언의 약속에서 찾아야 한다. 조금은 어려운 뜻이지만 그것을 보험계약자의 연대solidarity라고 보아도 무방하다.
보험계약자 간의 사랑 또는 연대감이 깨지지 않도록 중재하고 관리하는 일이 보험회사의 본연의 임무이다. 따라서 보험회사가 보험계약자를 아끼는 마음이 충만하다면 보험계약자를 엄정하고도 공평하게 다루어야 한다.
만약 그렇지 않다면 일부 보험계약자를 편애하는 셈이 되어 오히려 보험계약자 간 불신을 초래하게 된다.
최근 보험회사는 '고객사랑'을 앞세운 감성 광고를 많이 하고 있다. 그 뜻은 충분히 이해하겠다. 하지만 보험회사가 진정 고객을 사랑하는 길은 제대로 된 상품을 팔고 제대로 보험금을 주는 것밖에 더 있겠나 싶다.

길거리 보험Streeturance

보험회사의 보상기준이 지나치게 엄격하거나 경영자의 판단에 따라 오락가락한다면 보험회사의 신뢰가 떨어질 수밖에 없다. 보험회사가 매출을 높이기 위해 언더라이팅을 소홀히 하게 되면, 보험금 지급이 늘어나고, 다시 이를 통제하기 위해 보험금 지급을 까다롭게 하는 악순환에 빠질 수 있다. 이렇게 되면 허술한 언더라이팅으로 인해 역선택과 보험사기가 조장되고, 보상업무가 경직되어 불필요한 소비자 불편과 민원이 야기됨으로써 보험회사의 이미지가 이중으로 실추된다.
반대로 언더라이팅을 엄격하게 하되, 상호 신뢰 아래 보상을 수월하게 처리하는 것이 보험소비자의 신뢰를 얻는 길이다. 그러나 안타깝게도 우리가 사는 세상이 그리 완벽하지 않다.

나쁜 놈들 같으니. (*원래는 더 심한 표현이다-인용자)
이건 전형적인 데빗 보험debit insurance사기야.[82] 흑인들이 길거리 보험이라고 부르는 것이지. (사무장 덱이 변호사 루디에게 설명한다.)

……

보험회사의 정책에 따라 블랙 부인에게 보험금 지급 거절 편지를 보냈어요. (보험회사에서 잘린 보상담당자인 제키는 루디와 덱에게 증언한다.)

왜죠?

왜냐고요? 모든 지급 요청은 무조건 처음에는 거절하게 되어 있거든요.

보험회사의 보상은 항상 공정하게 이루어지는 것인가. 우리에게 『펠리컨 브리프Pelican Brief』, 『더 펌The Firm』 등 법정 소설로 유명한 존 그리샴John Grisham의 동명 소설을 영화한 〈레인메이커The Rainmaker〉에는 사기집단에 가까운 보험회사가 등장한다.

풋내기 변호사인 루디(매트 데이먼 분)은 백혈병에 걸린 아들을 둔 어머니로부터 소송 의뢰를 받는다. 상대는 치료를 위해 골수이식 비용을 달라는 요청을 거부한 그레이트 베네핏Great Benefit이란 보험회사다.

알고 보니 이 회사는 가난한 동네를 다니며 보험을 판매하고 매주 또는 매달 현금으로 보험료를 받아간 후, 보험금 지급신청이 오면 백혈병은 원래 선천적이므로 보험금 지급을 할 수 없다는 식으로 거절하는 엉터리 회사였다.

결국 루디는 승소하지만 이미 환자는 사망한 뒤다. 판결에서 얻은 치료비 15만 달러와 징벌적 손해배상punitive damage 5천만 달러는 보험회사의 파산신청과 함께 허공으로 사라진다.

영화 〈레인메이커〉는 원래 부조리로 얽힌 법조계의 이면을 보여주려고 한 작품이다. 그러나 관객들은 선의의 보험계약자를 울리는 가짜 보험회사가 얼마든지 존재한다는 메시지도 얻었을 것이다.

여러분이 그런 험한 꼴을 당하지 않기 위해선 보험계약자도 제대로 된 회사와 부실한 회사를 구분할 수 있는 능력을 지니고 있어야 한다. 하지만 보험계약자와 마찬가지로 보험회사도 자신에게 불리한 정보는 숨기고 유리한 점만을 내세우며, 심지어 과대광고까지 해댈 유인은 얼마든지 있다. 보험계약자가 가진 보험회사에 대한 정보의 비대칭성과 그로 인해 야기되는 문제점과 해결책은 다음 장에서 살펴보자.

〈젊은이를 위한 보험전문인 설명〉

보험회사는 보험모집 분야 이외에도 보험계리사, 언더라이터, 손해사정사 등 다양한 전문인이 필요하다. 이를 위해 다양한 자격증 제도가 마련되어 있다.

- 보험계리사는 보험료를 산출하고 보험상품을 개발한다. 보험산업이 발전함에 따라 보험계리사는 보험회사의 경영, 투자에 관련된 각종 위험을 분석, 평가, 진단하는 등, 그 역할이 날로 커지고 있다. 보험계리는 한국직업능력개발원에서 10년 후 발전 가능성이 유망한 직업 8위로 선정한 바 있다. 자격증 취득을 위해서는 상당한 수준의 수학과 통계학 지식이 필요하다.

- 언더라이터 자격증은 생명보험협회와 손해보험협회에서 각각 관리한다. 아직 초보 단계이나 선진국 사례를 보면 전망이 밝다. 다만 그렇게 되기 위해서는 자격의 질 관리가 관건이다.

- 손해사정사 자격증은 보험계리사처럼 금융감독원에서 주관한다. 보험계약과 관련된 법리와 실무의 이해가 자격 취득을 위해 중요한데, 점점 실무에 기초한 문제 비중이 높아지고 있다. 상당한 양의 '암기'도 필요하다.

자격증은 케이크 위의 체리와 같다. 보기는 좋아도 케이크의 맛을 좌우하지 않는다. 여러분의 학점, 학력, 경험, 외국어, 그리고 면접 태도 등이 기업 채용 시 복합적으로 작용하지, 자격증이 취업을 결정짓지 않는다는 뜻이다. 하지만 기왕에 한다면 조금은 벅찬 자격증에 도전해보는 것이 좋다. 왜냐하면 위험이 큰 만큼 얻는 것도 크고, 그런 위험을 감수할 만큼 여러분은 젊기 때문이다. 다만 공부로 성취감을 경험해보지 못한 사람이라면, 쉬운 자격증부터 시작해서 자신감을 갖고 좀 어려운 자격증에 도전하는 것이 좋을 것이다.

레인메이커

부실보험사, 불량상품

1천만 달러의 배상금을 지급하라는 판결이 나오면 어떤 일이 벌어질까요? (보험회사가 거두어들인) 보험료는 한 번에 나가버리고 정부의 건강보험이 대신할 것입니다. 여러분의 책임이 큽니다. 현명해져야 하고, 신중해야 합니다. 그리고 공정해야 합니다.

〈레인메이커〉에서 보험회사의 변호사 레오(존 보이트 분)는 배심원 앞에서 이렇게 최후 변론을 한다. 배심원들이 블랙 부인의 손을 들어주어 거액의 배상금을 지급하게 되면 보험회사는 그럴 돈이 없으므로 파산하게 되고, 나머지 보험계약자들은 의료보장이 형편없는 정부의 프로그램에 들어갈 수밖에 없다는 논리다.

나는 이 장면을 보면서 씁쓸한 웃음을 머금지 않을 수 없었는데, 우리나라의 보험회사들도 가끔씩 정부가 규제를 바꾸려할 때 비슷한 논리를 펴기 때문이다. 즉, 취지는 옳으나 업계에 충격을 주어 가뜩이나 어려운 회사들이 파산할지도 모르니 조심스럽게 추진하자는 것이다.

수십 년 전 우리나라에서도 〈레인메이커〉의 보험회사가 쓰던 모집 방법이 등장했다. 당시 생명보험은 주로 기업이 구입하는 단체보험으로 판매되었는데, 개인보험 시장이 나타나자 1957년 제일생명(지금의 알리안츠생명)이 데빗debit 제도를 도입했다.
데빗 제도란 모집인이 일정 구역을 책임지고 그 구역을 돌며 개인에게 소액의 보험료를 매월 걷는 모집 방법을 말한다. 이 제도는 많은 사람이 고만고만한 보험료를 내던 가난한 시대 상황에 효과적이었으며, 지금도 보험회사에서 사용하는 영업 관리 방식 중 하나다.
데빗 제도 자체가 엉터리는 아니다. 하지만 관리가 제대로 되지 않으면 보험가입이 쉬운 만큼 해약도 많이 발생해 가입자 피해가 클 수 있다. 더욱이 예전에는 지금처럼 보험료 납입이 전산화되어 있지도 않아 모집인의 수기장부에 의존하던 때에는 보험계약 부풀리기나 보험료 횡령도 적지 않게 발생했다.
물론 우리 주위엔 〈레인메이커〉의 보험회사 같은 엉터리는 없다. 정확하게 말하면 지금은 없다. 그렇다고 모든 보험회사가 평생을 같이 할 정도로 재무 상태가 튼튼하거나 올바른 모집만을 고집하는 것은 아니다. 이제 보험계약자가 보험회사를 고를 때 어떤 부분에 유의해야 할지를 살펴보자.

단, 나는 상품에 대한 기술적인 문제를 다루지는 않겠다. 세부적인 문제를 놓고 시시콜콜 따질 만큼 실무를 모르고, 또한 이미 시중에 그런 문제점을 다룬 책들이 여럿 나와 있기 때문이다. 그중 일부는 해장국집 간판처럼 울긋불긋하게 표지를 꾸며놓고 보험을 거대한 음모인 것처럼 이야기하고 있다. 보험에 대한 애정 어린 비판을 내가 오해했기를 바랄 뿐이다.

보험회사의 재무건전성 이해하기

보험계약자는 보험회사를 고를 땐 먼 훗날 보험금을 제대로 받을 수 있는지를 걱정하기 마련이다. 보험회사는 보험금을 언제라도 지급할 수 있게끔 충분한 책임준비금을 쌓아놓아야 하는데, 그런 수준을 보험회사의 재무건전성financial soundness이라고 한다.

보험감독기관은 이를 모니터링하기 위해 복잡한 산식으로 이루어진 재무건전성 지표를 고안한다. 그 결과로 나온 것이 지급여력비율solvency ratio 또는 위험기준자본risk based capital 등이다. 일반인들에게는 은행의 BIS비율만큼이나 생소할 것이다.

보험에서 가장 전문적인 이 영역을 쉽게 설명하면 다음과 같다. 보험회사가 약속한 보험금을 지급하기 위한 준비금을 마련해놓는데, 경우에 따라 준비금이 부족할 수 있다. 그런 일이 발생한다면, 보험회사 주주의 몫인 자본, 즉 보험회사의 주인이 보험업을 위해 투자한 본전으로 그 부족분을 메워야 한다.
그런데 보험상품은 그 성격에 따라 보험금 지급규모나 패턴이 저마다 다르다. 어떤 상품은 보험금이 조금씩 안정되게 나가지만 다른 상품은 보험금이 롤러코스터를 탄다. 또한 이자율이 떨어지면 보험회사는 역逆마진까지 겪을 수 있다.
역마진이란 보험회사가 고객에게 약속한 이자율보다 자산운용 수익률이 낮아 손해를 보는 현상으로, 장기계약인 생명보험에서 매우 경계하는 위협요소다. 그 결과로 보험상품에 따라 준비금이 부족해서 회사 자본으로 메워야 할 가능성과 규모가 다르게 나온다.
금융감독원은 이를 반영하여 적정 자본액을 계산한 후 이에 맞추어 자본을 충분히 유지하라고 보험회사에 요구한다. 예컨대 금융감독원이 요구하는 기준을 100%로 하면, 400%인 보험회사는 150%인 보험회사보다 밑천이 두둑하니 안팎의 쇼크에 강하고, 반대로 70%라면 당장 내일을 기약하기 힘든 것이다.[83]

내친김에 재무건전성 규제를 더 쉽게 설명해보겠다. 명절에 온 가족이 모여 화투놀이를 한다고 상상해보자. 아버지가 중구난방인 고스톱 룰을 하나로 정하고, 이 판에 끼려면 적어도 1만 원은 있어야 한다고 선언한다. 1만 원은 보험회사 설립에 필요한 법정 최소자본금인 셈이다. 이따금씩 3점 스톱으로 겨우 본전을 유지하고 있는데, 어느 순간 누나의 손에 상대를 '쓰리고에 피박'으로 단판에 정리할 것 같은 패가 쥐어졌다.

어머니가 내 패를 보고는 지갑을 열든지, 광 팔고 희희낙락하는 동생에게 1만 원을 빌리든지, 아니면 패를 고수인 형에게 넘기고 나가라고 한다. 여기에서 아버지는 금융위원회, 어머니는 금융감독원, 누나의 꽃놀이패는 대형 보험금 지급위험, 내 지갑을 열면 유상증자, 동생에게 빌리면 후순위차입, 패를 넘기고 나가는 것은 매각이나 계약이전 등에 비유할 수 있다. 이것이 보험회사는 물론 은행, 증권회사 등 금융기관의 재무건전성을 감독하는 원리다. 여러분이 가입한 보험회사의 재무건전성은 인터넷을 통해 대략 검색할 수 있다.

그런데 재무건전성 기준은 보험소비자가 아닌 감독기관이 사용할 목적으로 개발되었다. 따라서 보험소비자로서는 보험회사의 전반적인 재무 상태를 파악하는 데 도움이 되지만 어떤 상품을 놓고 가입할지를 결정할 때는 다른 정보도 필요하다.
여러분은 삼성전자와 애플이 전 세계에서 1위를 놓고 다투는 스마트폰의 강자임을 안다. 그렇다고 갤럭시폰이나 아이폰이 브랜드만을 가지고 여러분을 만족시키는 것은 아니다. 방금 구입한 스마트폰을 만족시키는 것은 삼성전자나 애플의 평판이나 주가가 아닌, 바로 그 상품의 가격과 품질이다.
마찬가지로 커다란 사옥을 가진 대형 보험회사의 상품이 이름조차 헷갈리는 소형 보험회사의 상품보다 항상 낫다는 법은 없다. 그런데 보험상품의 가격과 보장 내용을 서로 비교하는 것은 전문가에게도 쉽지 않다. 보장 내용이 다양하고 복잡하게 얽혀 있기 때문이다.

금융감독원은 이런 문제를 개선하기 위해 보험상품의 수수료 비교공시나 보장 내용을 쉽게 푼 상품설명서 제공을 의무화하였다. 하지만 수수료 비교 공시는 업계 평균 대비 얼마라고 공시되므로 활용하기 어렵다.

상품설명서 역시 한계가 있는데, 보험상품의 일부로 볼 수 있는 보험모집인이 제공하는 다양한 서비스를 담을 수는 없다. 예를 들어, 보험금 청구를 보험회사에 직접 할 수도 있지만 보험모집인을 통하면 여러 가지 편의를 얻을 수 있다. 그리고 상품설명 시 보험모집인이 고객의 재무 상태를 충분히 이해하고 컨설팅했다면, 가입 후 후회하는 일은 크게 줄 것이다. 그런데 이처럼 암묵적이지만 중요한 서비스는 상품설명서에 나타나지 않는다. 안타깝지만 보험은 가입해놓고 사후적으로 잘 샀는지 못 샀는지 판단할 수 있다.

소비자 만족도의 바로미터 계약유지율

여러분이 어떤 상품을 고를 때 정말 유용한 정보는 다른 소비자가 내린 평가다. 바로 그 점에서 보험소비자가에게 보험상품의 유지율을 알려줘야 할 필요성이 크다.

보험회사는 상품별로 13회 차, 25회 차 등의 유지율을 파악하고 있다. 13회 차는 초회 보험료를 내고 12달이 지난 13개월째를 의미한다. 따라서 13

회 차 유지율이 90%라면 계약된 100건 중 1년이 지나 90건이 살아 있다는 의미다. 25회 차는 2년 직후를 말한다.
만약 특정 상품의 유지율이 상당히 낮다면 그 원인은 대개 다음의 두 가지 중 하나이거나 아예 둘 다일 경우이다.
첫째, 보장 내용이 가격 대비 만족스럽지 못해 소비자들이 생각할 때 좀 손해를 보더라도 일찌감치 해약하는 것이 좋겠다고 판단한 것이다.
둘째, 상품은 좋지만 그 같은 상품이 필요하지 않은 사람이 샀거나, 보험료 부담이 너무 커서 뒤늦게 후회한 경우다.
이것은 보험모집 시 소비자의 니즈와 소득에 맞추어 판매하라는 적합성의 원칙이 지켜지지 못했기 때문에 발생하는 것이다. 결국, 유지율이 낮거나 해약률(100% 빼기 유지율)이 높다는 것은 보험회사가 무엇인가 잘못하고 있다는 의미가 된다.

나는 2014년 늦가을 금융감독원 주최 보험민원 감축을 위한 세미나에서 보험상품 종류별로 해약률이 높은 상품을 5개씩 선정하여 소비자에게 공시하자고 제안한 바 있다. 마음 같아서는 10개를 공개하자고 하고 싶었으나, 업계에 미칠 파장을 고려하여 도저히 말도 안 되는 상품 5개를 드러내 놓자고 한 것이다.
구체적으로는 금융감독원이 최소한 이 정도는 되어야 한다는 해약률 기준을 정하고 그 기준보다 높은 상품 가운데 최악인 5개를 해약률과 함께 발표하자는 제안이었다. 그로 인해 불량상품이 사라져 모든 상품이 기준을 만족하면 해당 공시는 없게 된다.

하지만 대부분 보험업계 사람들로 채워진 방청객의 반응은 바깥 공기마냥 싸늘했다. 토론자 중에서 최고 해약률보다는 최고 유지율을 공개하자는 대안을 내놓기도 했다. 하지만 그날 오전부터 보험민원을 줄이자고 금융감독원과 보험회사의 고위임원들이 모여 빼쩍 지근하게 결의 대회를 해대지 않았는가.

보험민원을 줄이려면 소비자의 원망을 사는 상품을 퇴출해야지 왜 우수한 상품을 칭찬하자는 것인지 모르겠다. 학교 앞 가게에서 불량식품을 몰아내자고 새우깡이나 브라보콘에 별을 달아주자는 식이다. 그 이유는 그와 같은 조치가 몰고 올 파장이 너무 크기 때문이다. 25회 차 해약률이 50%라면, 갓 팔린 스마트폰의 절반이 두 달 만에 환불되는 셈이다. 그런 스마트폰 회사가 한 달을 버틸 수 있겠는가.

만약 어떤 보험회사에서 높은 해약률을 가진 상품을 계속 고집한다면, 결국 불량품을 팔아 그 수수료로 판매망을 유지하고 있는 것과 다름이 없다. 왜냐하면 보험회사가 보험계약자가 해약했다고 보험모집인에게 준 선취수수료를 다시 빼앗아 돌려주지 않기 때문이다.

짐작컨대 해약률이 높더라도 그런 상품을 팔지 못하면 영업에 상당한 타격을 입을 보험회사가 적지 않을 것이다. 이러니 청중은 '문제는 돈이야, 이 멍청아!'란 표정을 지을 수밖에.

캐시플로우 영업

보험회사와 보험계약자 사이에 갈등은 얼마든지 일어나기 마련이다. 하지만 우리나라의 경우 그 정도가 지나치다. 금융감독원에 따르면, 2013년 보험관련 민원이 전체 금융민원 가운데 50.3%를 차지하는데, 그 가운데 26.8%가 보험모집에 관련된 것으로 나타났다.[84)]

보험민원인 중 정말 말도 안 되게 떼를 쓰는 블랙컨슈머도 상당하다. 하지만 불완전판매가 가장 큰 원인으로 파악되고 있다. 지금은 보험회사 입사가 대출자의 꿈이 되었지만, 한때는 맞선자리에서 보험회사 다닌다는 이야기를 하지 못했던 시절도 있었다.

보험은 우리 사회에 기여하는 바에 비하여 저평가되어 있다. 그리고 보험업계는 이미지 제고란 숙원을 풀기 위해 많은 노력과 비용을 들이고 있다. 하지만 보험회사가 계약 후 2년 안에 절반 가까이 해약하는 상품을 팔아대는 한 이미지 제고는 공허한 구호에 불과하다.

그날그날 들어온 보험료로 연명하는 캐시플로우cash flow 영업은 사라져야 한다. 당장 지급할 보험금과 회사 유지비용에만 급급하여 과다한 보장, 마구잡이 모집, 과다한 수수료를 지급하고, 불법 리베이트를 일삼는 보험 경영은 사라져야 한다. 그로 인한 도덕적 해이와 보험민원으로 지출되는 사회적 비용이 결코 적지 않다.

따라서 일부 보험회사가 퇴출되더라도 체질 개선이 시급한 이유가 바로 여기에 있는 것이다. 보험업법은 제1조에서 스스로 보험회사가 건전한 경영을 할 수 있도록 돕는 것이 목적이라고 선언하고 있다. 그래서 정부와 금융감독원은 조만간 재무건전성 기준을 강화하고 국제회계기준IFRS을 적용할 계획을 가지고 있다.

하지만 한계상황에 놓인 보험회사가 중소형 보험회사 일색인 만큼, 보험설계사의 생업, 보험회사 노조의 반발, 선량한 계약자의 피해, 중소기업의 균형 발전(대형 보험회사는 대개가 재벌의 계열사다) 등, 반대 논리도 만만치 않다. 우리 사회의 많은 분야가 그러하듯이 보험에서도 원칙과 현실이 팽팽히 맞서고 있는 것이다.

〈레인메이커〉

남男과 여女, 생生과 손損

토마스 크라운 어페어 & 푸르덴셜생명 광고
천양지차, 과유불급

신을 고소한 사나이
생명보험과 손해보험

토마스 크라운 어페어 & 푸르덴셜생명 광고

천양지차天壤之差, 과유불급過猶不及

보험아줌마의 공功

보험은 다른 금융업에 비하여 여성의 역할이 크다. 경영학 중에서 여성 학자의 활약이 가장 두드러지는 곳도 보험일 것이다.

보험의 본질이 사랑이라는 다소 거창한 말을 빌리지 않더라도, 나의 이익이 누군가의 손해로 이어지는 투자와 달리 보험은 공존의 철학이 지배하는 업종이기 때문 아닌가 싶다. 여성이 남성보다 강점을 가지고 있는 섬세함과 배려심이 보험에서 큰 힘이 되고 있다.

사실 우리나라에서는 수년 전 생명보험회사에서 여성 CEO가 탄생했으며, 여성 임원도 증가하고 있고, 여성 보험설계사가 임원으로 영입된 적도 있다. 미래에 가장 각광받을 직업으로 꼽히는 보험계리사에서도 자격증 시험 합격자의 절반은 여성으로 채워지고 있다.

우리나라 보험회사들은 여성설계사의 힘으로 컸다고 해도 과언이 아니다. 한국 여성 특유의 억척스러움이 보험모집에서 강점을 발휘했다. 1950~1960년대 보험모집에 뛰어들어 자식들을 훌륭하게 키워냈던 전쟁미망인들의 정신적 유산이 오늘날의 여성 보험설계사 속에서 남아 있다. 남존여비 사상이 여전히 판을 치던 당시에 이들에 대한 차별이나 희롱은 오죽했겠나 싶다. 열악한 환경에서 이들이 시장 바닥과 사무실을 훑으며 거둔 보험료가 경제개발을 위한 소중한 자금으로 활용되었다.
나는 우연히 삼성전자 직원들이 삼성생명을 배추장사처럼 여긴다는 얘기를 들은 적이 있다. 글로벌 리더에 몸담은 젊은 직원의 눈에는 국내시장에서 제일이요 하는 모습이 우스울지 모르나, 기업의 역사를 아는 사람이라면 그럴 리 없다. 당시 회사명이 동방생명이었던 삼성생명의 자금이 없었더라면 지금의 기흥에서 삼성전자의 첫 삽을 뜨기 어려웠을 것이다.[85)]
오늘날의 삼성전자가 존재할 수 있도록 지금은 세상을 떴거나 백발이 가득한 '보험아줌마'의 공은 매우 컸다. 영화 〈국제시장〉에서 가족들을 위해 희생을 마다않는 덕수(황정민 분)에서 당시 그들의 얼굴이 오버랩되는 이유가 여기에 있다.

남녀 가릴 것 없이 보험조사관도 인간

지금까지 다소 딱딱한 이야기를 해왔다. 보험회사가 고객과의 스킨십을 아무리 강조해도 기본적으로 꼼꼼해야 하고 규정에 충실하다 보니 금융회사의 깐깐하고 답답한 이미지를 벗어나기 어렵다. 그래서 찔러서 피 한 방울 나올 것 같지 않은 보험회사 사람도 인간미가 넘친다는 영화를 소개한다.

영화 〈토마스 크라운 어페어The Thomas Crown Affair〉는 성공 뒤에 오는 허탈감을 범죄의 스릴로 메우려는 금융가와, 그가 저지른 은행 강도 사건을 수사하는 여성 보험조사관과의 밀고 당기는 사랑을 그린 작품이다.

1968년 작에는 당시 할리우드 스타였던 스티브 맥퀸Steve McQueen과 페이 더너웨이Faye Dunaway가 주연하였고, 1999년 작에는, 우리에게 007시리즈로 잘 알려진 피어스 브로스넌Pierce Brosnan과 르네 루소Rene Ruso가 원작의 은행강도 대신 미술품 절도라는 상황 아래 출연했다.

오리지널과 리메이크 모두 여자 주인공은 플레이보이 기질의 남자 주인공인 범인의 매력에 빠져 직업적 의무와 사랑 사이에서 갈등한다. 페이 더너웨이는 까칠하면서 빈틈없는 고전적인 미모를 갖춘 배우로서 아카데미 여우주연상을 수상했고, 르네 루소는 우리에게 〈리셀 웨폰Lethal Weapon〉의 여형사로 잘 알려진 지성미를 갖춘 여배우다.

그래서인지 〈토마스 크라운 어페어〉의 보험조사관은 이브닝드레스와 샴페인이 어울리는 세련된 미술관 큐레이터처럼 등장한다. 그러나 영화의 주인공은 겉모습에서만큼은 진짜 보험조사관과 천양지차天壤之差가 아닐까. 겉은 어수룩해 보이지만 날카로운 두뇌와 직관을 가진 사람이 보험조사관에 더욱 가깝다.

여배우의 환상으로부터 우리를 현실로 되돌리는 영화는 〈천국으로 가는 여행〉이다.

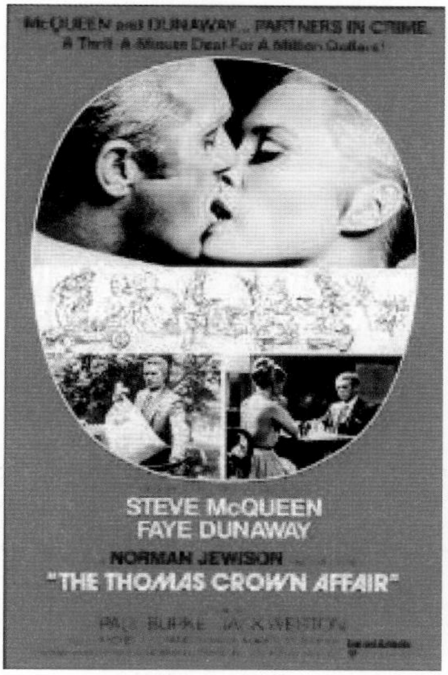

두 개의 〈토마스 크라운 어페어〉, 왼쪽은 1968년 작, 오른쪽은 1999년 작

때는 1985년, 남루한 레인코트 차림에 사투리를 쓰는 보험조사관 홀트는 미국 미네소타 주의 황량한 시골구석에 온다. 그는 자동차사고로 사망한

앤더슨이란 남자의 여동생 이솔드(줄리아 스타일스 분)가 오빠의 사망보험금을 청구한 사건을 조사 중이다. 홀트는 형체도 알아볼 수 없이 탄 시신 옆에 온전히 발견된 자동차 면허증에서 수상한 냄새를 맡고, 이솔드의 남편 프레드(제레미 레너 분)의 뒤를 캔다.

결국 홀트는 사고로 죽은 자는 이솔드의 오빠가 아니며, 진짜 오빠는 이솔드의 남편 행세를 하고 있고, 남편은 일찌감치 오빠에게 살해되어 암매장되었음을 알아낸다. 앤더슨이 보험금을 타기 위해 무고한 사람을 죽여 놓고, 이솔드를 위협해서 부부인 척했던 것이다.

보험회사는 이솔드에게 오빠가 음주운전으로 사고를 냈기에 오직 중고차 값 1,500달러만 지급하겠다고 통보한다. 이솔드는 홀트에게 보험금을 받지 못하면 오빠가 아들을 해칠지 모른다고 울먹인다. 홀트는 이솔드와 그녀의 어린 아들을 위해 피보험자를 오빠에서 남편으로 보험계약서를 위조한다. 그리고 홀트는 꼬마를 악당 외삼촌 손에서 구해내 엄마 품으로 돌려보내고는 오빠가 모는 차 안에서 충돌사고로 같이 목숨을 잃는다.

영화의 끝 장면에서 이솔드는 보험회사가 남편이 사망한 줄 알고 지급한 100만 달러를 받게 되고, 홀트는 그 보험회사의 TV 광고에 나타나 아름다운 해변에서 석양을 바라본다. 홀트가 모자를 구하고 천국으로 갔다는 암시인 것이다.

아이슬란드 출신 감독 발타사르 코마커Baltasar Kormakur의 할리우드 데뷔작이자 스산한 북구풍의 스릴러인 〈천국으로 가는 여행〉은 피보험자, 보험수익자, 보험자의 면책조항 등 보험의 원리를 틈틈이 볼 수 있는 영화이다.

영화 속 옥의 티는 숯덩이가 된 시체에서 혈중 알코올 농도를 측정했다는 보험회사의 설명이다. 그것도 30년 전 기술로 말이다.

남편들의 분노

여러분은 〈이중보상〉의 비참한 결말을 맞는 요부 필리스, 〈토마스 크라운 어페어〉의 냉철하지만 사랑 앞에 약한 보험조사관 캐서린, 〈천국으로 가는 여행〉의 가련한 보험사기 방조자인 이솔드를 만났다.
어쩐지 보험은 여성을 위해 존재하거나 여성을 더 보호해야 한다는 느낌을 준다. 여러 가지 이유가 있겠지만 그동안 사회의 약자로 머물러왔던 여성이 보험금 수령인일 때 우리는 보험이 제 역할을 다하고 있다고 느낄지 모른다.
실제로 보험광고에는 남편이 갑자기 사망하거나 앓거나 다치면 어떻게 하나 걱정하는 아내의 모습이 자주 등장한다. 아무래도 평균수명이나 뇌일혈 등으로 급사할 위험을 보더라도 피보험자가 남편인 것이 유리하다. 현실이 그렇다보니 보험광고의 타깃은 주로 가정주부였는데, 2006년에 나왔던 푸르덴셜 생명보험의 광고는 도가 지나쳤다.

10억을 받았습니다.

아무 말도 하지 않았습니다. 그저 남편과의 약속을 지키는 거라면서 하나부터 열까지

도와주었습니다.

이것 또한 약속이라고 했습니다.

남편의 라이프플래너였던 이 사람. 이젠 우리 가족의 라이프플래너입니다.

광고는, "10억을 받았습니다"라는 음성과 함께 삼십대 초반의 여성이 산뜻한 타운하우스 앞에서 갓 뽑은 듯한 승용차를 세차하고 있는 모습으로 시작한다. 그리고는 정원 앞에서 말쑥하게 차려입은 남성과 웃으며 인사를 나눈다. 헉! 우연히 TV에서 이 광고를 보자마자 불안감이 보험쟁이의 가슴을 스쳤다.

첫째, 보험금 10억 원짜리 종신보험에 가입하려면 월납보험료가 150만 원은 될 텐데 당시 대한민국에 그럴 경제적 여유가 있는 남편이 과연 몇 명이나 되겠는가?

둘째, 하나에서 열까지 책임진다니, 어린 자식을 둔 젊은 미망인과 멀끔한 남성설계사가 반갑게 만나는 모습을 보고 시청자들이 어떤 상상을 하겠는가. 옆에 있는 아내에게 이런저런 설명을 하고 싶었지만, 자칫 남편이 보험전공 교수면 뭐 하냐 자기를 위한 변변한 보험 하나 없다는 푸념으로 번질까 봐 조용히 화를 삭였다.

아니나 다를까, 광고가 방송전파를 탄 이후 "남자는 뼈 빠지게 일하다 죽으란 말이냐" 식의 성난 여론이 비등하면서, 급기야 문제의 광고는 얼마 가지 못하고 사라졌다.

당시는 2007년 금융위기 직전으로 금융시장이 한참 과열되어 있을 때였다. 자산운용사들은 앞을 다투어 자식들에게 10억 원은 만들어줘야 한다는 식으로 펀드 가입을 종용했고, 보험회사들도 안락한 노후를 위해서는 10억 원은 있어야 한다는 둥, 온 세상에 10억 원 열풍이 불던 무렵이었다. 그러다가 급기야 보험금 10억 원을 받은 젊은 과부가 보험설계사와 새살림을 차릴 것 같은 암시를 주는 광고까지 나왔으니, 묵묵히 쥐꼬리만 한 월급을 받아 가정을 꾸리던 남편들이 폭발한 것이다. 물론 나는 그 광고가 전달하고자 했던 본래의 메시지를 지지한다.

푸르덴셜 생명의 "변하지 않는 푸른 약속"이란 2006년 광고다. 2006년에 있었던 실제 사례를 소개했다고 하지만, 소수만이 부담이 가능한 높은 보험료와 지나친 감성 접근으로 대중의 반발을 샀다.

여성이 남성보다 평균적으로 칠팔 년을 오래 사니 한정된 소득 내에서는 남편이 종신보험에 가입하는 것이 유리하다. 반대로 아내는 장수리스크가 큰 만큼 연금에 가입하는 것이 유리하다. 또한 가정주부라면 국민연금에 임의가입하기를 권한다. 내가 이런 내용을 강의시간에 들려주면, 특히 여학생들의 눈에서는 반짝반짝 빛이 난다.

그러다가, 10억 원을 받으려면 월납보험료 150만 원인데… 그러려면 남편이 능력도 있고, 명命까지 짧아야 하고… 이런 얘기가 이어지면 바로 실망하는 빛이 눈에 역력하다. 과유불급過猶不及이라고 했다. 지나치면 부족한 것만 못한 것이다. 이 광고는 그해 최악의 광고란 소리를 들을 만도 했다.

보험의 원칙과 양성평등

보험에서 이루어지는 남성과 여성의 차별을 집어보자. 나는 매년 1학년 학생을 대상으로 동일한 나이와 자동차라면 남성과 여성 중 누가 자동차보험료를 많이 내야 하는지를 묻는다. 남성이라고 생각하는 학생에게 이유를 물어보면, 여성들이 사고를 많이 내기 때문이란다.

답변자의 대부분은 남학생이다. 이들은 유튜브를 통해 '김 여사' 선입관에 빠져 있는 것이 분명하다. '김 여사'는 네티즌 사이에서 만들어진 단어로서, 미숙한 운전 실력에다가 어처구니없는 상황을 연출하는 여성을 의미한다. 여러분도 그런 동영상을 보며 어머니나 누나 또는 아내의 초보운전을 떠올렸을 것이다.

하지만 남자가 운전면허를 쥐고 태어난 것도 아니거니와, 엉뚱할지는 몰라도 현실은 정반대다. 남성이 자동차사고를 더 자주 그것도 훨씬 심각하게 낼 확률이 높은 것이다. 쉽게 말하면, 사고 견적을 보면 여성의 경우는 주로 범퍼나 문짝이 많은 데 비해, 남성의 경우에는 이따금씩 사람의 목숨이 포함된다. 남성이 상대적으로 과속, 음주운전, 부주의하기 쉽기 때문이다.

할리우드의 영원한 우상 제임스 딘James Dean은 1955년 포르쉐 550을 타고 가다가 23세의 나이로 요절하였고, 영화 〈분노의 질주〉로 알려진 폴 워커Paul Walker도 2013년 포르쉐 카레라 GT를 몰다 30세의 나이로 생을 마쳤다. 사후에 법정에서 제임스 딘은 과속한 것으로 밝혀졌고, 폴 워커는 제한속도 72km/h 도로에서 160km/h로 달렸다.

자동차사고로 사망한 유명 여배우로는 제인 맨스필드Jayne Mansfield와 그레이스 켈리Grace Kelly가 있다.

1950~1960년대 마릴린 먼로Marilyn Monroe 못지않은 섹스 심벌이었던 제인 맨스필드는 운전대를 잡지 않았다. 운이 없게도 남성 운전기사가 모기퇴치용 연막차를 보고 급정거한 트레일러를 미처 피하지 못하고 추돌했다.

설명이 필요 없는 모나코 왕비 그레이스 켈리는 자동차사고로 사망했으나, 사고원인은 운전 중 심장마비였다.

따라서 손해보험회사는 남성에게 더욱 높은 자동차보험료를 부과해왔다. 마찬가지로 다른 조건이 같다면 생명보험료는 남성이 여성보다 많다. 그렇다고 여성이 항상 모든 보험료를 적게 내는 것은 아니다. 여성의 평균 수명이 남성보다 길기 때문에 같은 조건이라면 연금에서는 여성의 보험료가 더 높다.

이 책의 앞에서 나온 새내기보험이라는 가상 사례로 알 수 있듯이, 보험료는 위험에 비례해야 한다는 원칙이 있다. 이 원칙이 오랜 세월 보험을 지배해왔으며, 소비자들도 이에 큰 불만은 없었다. 왜냐하면 우리는 공평함을 선호하기 때문이다.

그런데 2012년 유럽사법재판소European Court of Justice는 보험회사가 생명보험과 자동차보험에서 남성에게 여성보다 높은 보험료를 부과하는 것이 위법이란 판결을 내렸다. 독일은 그보다 훨씬 전인 2005년에 리스터연금이라고 불리는 개인연금상품에서 요율의 성차별을 없앴다. 진보적인 유럽사회는 이제 보험료에서조차 양성평등의 가치를 실현하려고 한다.

신을 고소한 사나이

생명보험과 손해보험

당신 소송하지 않을 거죠? (스티브의 전처는 혹시나 하고 묻는다.)

할 거야. (스티브가 자신 있게 잘라 말한다.)

그건 세계에서 가장 큰 보험회사 중 하나를 고소하겠다는 거야. (그녀가 어이없다는 듯 대꾸한다.)

분명히 난 (이길) 가능성을 잘 알고 있지. 난 신을 고소할 참이야!

호주 코미디 영화 〈신을 고소한 사나이The Man Who Sued God〉의 주인공 스티브(빌리 코놀리 분)는 법정의 부조리에 신물이 나 어부로 전업한 전직 변호사다. 그는 전 재산이나 다름없는 작은 어선이 눈앞에서 벼락으로 산산조각이 나자 보험회사에 보상을 요구한다.

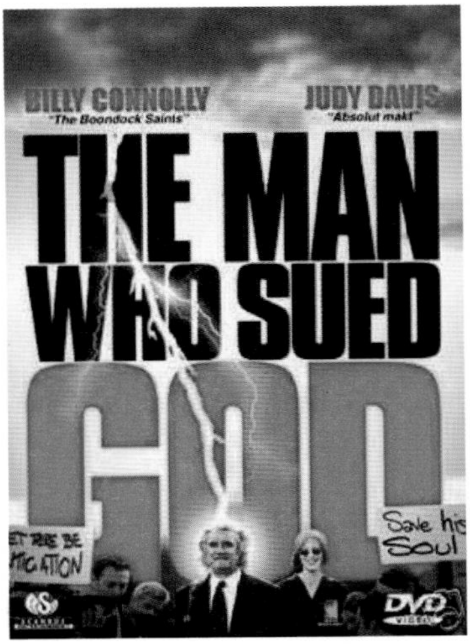

〈신을 고소한 사나이〉

돼지에게 늑대가 불어댄 바람으로 무너진 집은 보상할 수 없다는 보험회사의 설명, 이솝우화를 빌려 불가항력 면책 조항을 비꼬고 있다.

그런데 보험회사는 불가항력Act of God으로 인한 손실이므로 보험금을 지급할 수 없다고 통보한다. 화가 치민 스티브는 보험회사가 아닌 신을 고소한다. 보험회사가 신을 핑계로 보험금 지급을 거절하므로 마땅히 책임은 신이 져야 한다는 것이다. 그는 신의 대리인인 교회를 피고석에 올린다.

불가항력Act of God이란?

불가항력이란 계약과 같은 법률관계의 외부에서 생겨나는 사변事變으로서, 모든 방법을 동원하여도 손해의 발생을 막을 수 없는 일을 가리킨다.[86]

불가항력의 개념은 일찍이 고대 로마에서 손님이 맡겨둔 물건이 천재지변으로 훼손되었을 때 여관주인에게 책임을 묻기 어렵다는 점을 깨달으면서 만들어졌다. 손해보험에서도 일찍부터 불가항력에 대해서는 보장하지 않고 있다.
보험상품마다 다르지만, 전통적으로 폭풍, 홍수 등 천재지변이 이에 해당한다. 근래에 들어서는 전쟁이나 방사능 누출 등 대형재난도 여기에 포함되고 있다. 하지만 이것을 자세히 모르는 보험계약자 입장에서는 스티브처럼 부당하다고 생각할 수 있다. 인도의 발리우드Bollywood 영화에서도 힌두신이 지진을 일으켰다는 이유로 고소당했다 하니, 불가항력을 놓고 벌어지는 불만과 오해는 가히 전 세계적으로 나타난다고 할 만하다.[87]
그런데 생명보험에서는 불가항력을 어떻게 다루고 있나? 피보험자의 사망이 보험사고이므로 원칙적으로 불가항력은 의미가 없다. 자고로 인명재천人命在天이라고 했으니, 사람이 살고 죽는 것 자체가 불가항력이 아니겠는가. 만약 전쟁으로 인한 사망은 보상하지 않는 생명보험이 있다면, 이는 불가항력이라기보다는 현실적으로 보험회사가 대규모 보험금 지급사태를 감당하기 어렵기 때문이다.

손해보험은 농업, 생명보험은 임업

불가항력만이 아니라 많은 점에서 생명보험과 손해보험은 다르다. 여러분은 자동차보험은 매년 계약을 갱신하는 반면에, 왜 생명보험은 한 번 맺은 계약이 수십 년씩 가는지 궁금하지 않은가? 보험업의 핵심은 현 시점에서 향후 지급할 보험금의 규모를 정확히 예측하는 데에 있다.
보험금의 규모는 보험사고의 횟수(빈도)와 보험사고의 규모(심도)에 의해 결정된다. 손해보험은 우연한 사고로 인한 재산상의 손실과 타인에 대한 배상책임을 딱 그만큼만 보상하는 실손보상의 원칙을 따른다. 그런데 실제 손해액을 정확하게 예측하기란 무척 어렵다.
대표적인 손해보험인 자동차보험을 들여다보면, 폭우나 폭설이 내리면 사고 횟수가 급증한다. 심지어 교통사고 횟수는 유가油價는 물론 정치사회적 이벤트에도 민감하게 반응한다. 2002년 한일 월드컵 당시에는 교통사고가 급감했다. 그 이유는 모두 응원하러 거리에 나왔거나 TV 앞을 떠나지 않느라고 자동차 운행이 줄었기 때문이다.

설상가상으로 사고의 규모를 가늠하기는 더욱 어렵다. 자동차 운전 중 같은 장소에서 같은 속도로 미끄러져도 어떤 이는 건너편 가드레일에 걸리지만, 다른 이는 마주 오던 25톤 덤프트럭과 정면충돌한다. 이처럼 사고의 규모가 운運에 달린 것이 손해보험이다. 따라서 손해보험금의 규모는 들쑥날쑥하기 쉬우며, 따라서 그만큼 보험료를 정확하게 계산하기가 어렵다.
이런 문제를 해결하기 위해 손해보험은 단기로 계약이 이루어진다. 대개 1년을 단위로 보험계약이 맺어지는데, 보험금이 과다하면 다음 해에 보험료를 올리고 보험금이 과소하면 보험료를 다음 해에 내리게 된다.

물론 보험회사에서 요율 인상에는 민감하나 요율 인하에는 둔감한 하방 경직성도 나타날 수 있다. 하지만 규제가 심한 경우에는 오히려 보험료의 상방경직성이 나타날 때도 있다. 우리나라에서 자동차보험이 정부의 소비자물가지수 계산 시 고려되는 유일한 금융상품인 것과, 손해보험회사들이 자동차보험에서 만성적자를 본다고 아우성인 것은 결코 무관하지 않다.

생명보험에서는 전혀 다른 시나리오가 펼쳐진다. 생명보험은 인간의 생사가 아닌 유가족의 소득을 보장한다. 유가족에게 사망한 피보험자가 벌어들였던 소득의 일부라도 보전하는 것이 생명보험의 목적이다. 죽은 사람은 어쩔 수 없고, 남은 유가족이 문제 아니겠는가? 그런데 인간의 경제적 가치를 객관적으로 매기기 어렵기 때문에 보험금액을 결정하기가 애매하다.

따라서 생명보험은 피보험자나 보험계약자가 원하는 금액을 보험계약 시 미리 정하는 정액보상을 원칙으로 한다. 그러므로 생명보험회사의 입장에서는 보험사고의 규모를 정확하게 예측할 수 있다. 한편, 사람의 사망 패턴은 상당히 안정적이므로 연령이나 성별에 따른 사망 확률을 아예 표로 만들 수 있다. 이런 이유로 생명보험회사는 향후 지급할 보험금액을 비교적 정확하게 파악한다.

그런데 인간은 언젠가는 죽기 마련이므로, 생명보험은 사망 시까지 보장하는 종신보험 같은 장기계약으로 이루어질 수 있다. 이 때 피보험자의 나이가 들수록 사망 확률이 높아지므로 보험료도 자연스럽게 인상된다. 하지만 그러기에는 이래저래 번거로워 생명보험회사는 일정한 평준보험료 level premium를 부과한다. 따라서 피보험자가 젊을 때에는 상대적으로 높은 보험료를 내고 나이가 들면 그 반대가 된다.

그런데 30세에 납입한 10만 원이 50세에 납입한 10만 원과 같을 수 없다. 당연히 보험회사는 보험료에 일정한 이자를 복리로 얹어주는데, 그 이자를 보험금에 얹기보다는 그만큼 보험료를 할인해주는 형식을 취한다. 즉, 여러분이 낸 보험료는 약관에서 밝힌 이자율만큼 이미 할인된 금액이다. 따라서 생명보험료와 금리가 서로 반대 방향으로 움직이게 된다. 생명보험회사는 보험료로 이루어진 적립금에서 일정한 투자수익을 거두는데, 그 수익률이 최소한 보험계약에서 약속한 이자율과 같아야 한다.
만약 이자율보다 높으면 그 차익은 보험회사의 이익이 되거나 일부는 보험계약자에게 배당으로 돌아간다. 하지만 그보다 낮으면 생명보험회사가 손해를 보는데, 이를 역마진이라고 부른다. 그래서 생명보험에서는 이자율이 움직임에 따라 희비가 교차한다. 일본 생명보험업계는 1990년대 초 저금리 시대에 들어가면서 역마진 사태로 6개사가 파산한 바 있다.[88]
우리나라 생명보험회사도 외환위기 직후 이자율이 급등했던 2~3년간 판매했던 7~8%대의 상품 때문에 곤욕을 치루고 있다. 예컨대, 8%의 이자율을 보장한 상품의 적립금이 1조 원이라면 현재 생보사의 투자수익률이 5.5% 정도이므로 1년에 2.5%씩 250억 원의 손실이 발생한다. 생명보험회사에 따라 고금리 상품 적립금이 5조 원을 넘는 곳도 있으니, 전체 생명보험 산업의 역마진이 상당할 수밖에 없다.
한국은행에서 기준금리를 내릴 때마다 생명보험회사의 안색이 변하는 이유가 여기에 있다. 생명보험은 30년 이상 되는 장기계약이 허다한데, 그 오랜 기간의 금리를 정확하게 예측하기란 정말 어려운 일이다. 그렇기 때문에 본질적으로 손해보험이 농업이라면 생명보험은 임업林業이다.

생손보의 구분과 제3보험

농가에서는 벼도 심고 나무도 같이 심을 수 있다. 그러나 관련법에 따르면, 손해보험과 생명보험을 하나의 보험회사에서 같이 취급할 수 없다. 그 이유는 위험의 전이risk transfer를 억제하기 위해서다. 보험은 같은 종류의 위험을 가진 사람들이 서로를 돕기 위한 제도이다.
자동차보험이라면 자동차를 운전하는 사람들을 위한 보험이다. 그런데 여기에 사고 위험이 보다 높은 오토바이 운전자들이 끼어들면 자동차 운전자들은 자신들이 낸 보험료로 오토바이 운전자가 낸 사고를 보상하느냐며 항의할 것이다. 따라서 이질적인 위험은 아예 보험상품을 달리하여 칸막이를 친다.
그런데 어떤 보험상품에서 적자가 난다면 보험회사는 어떻게 될까? 적자란 보험료보다 보험금이 많다는 의미이므로 누군가는 보험금을 받지 못하게 된다. 보험상품 간 칸막이가 엄격하다면, 나머지 백 개의 상품에서

흑자가 나더라도 이는 곧 보험회사의 지급불능을 의미한다. 특히 피보험물의 종류가 매우 다양해서 대개 다품종 상품으로 구성된 손해보험에서 이 원칙을 따르게 되면, 어떤 보험회사라도 일 년도 버티지 못할 것이다. 따라서 자동차보험에서 난 적자는 화재보험 등에서 거둔 보험료로 메우게 된다. 물론 이는 임시적 방편이어야 하는데, 그런 상태가 지속된다면 화재보험 계약자들이 자동차보험 계약자를 보조하면서 자동차보험 위험이 화재보험으로 옮겨지는 부당한 결과가 나타난다. 그런데 생명보험과 손해보험은 앞에서 설명한대로 위험의 종류, 보장방법 및 보험료 계산 등이 너무나 이질적이므로, 생명보험 계약자와 손해보험계약자 사이만큼은 완전히 분리할 필요가 있다.
그래서 생명보험회사와 손해보험회사가 별도로 있는 것이다. 다만 우리나라는 질병과 상해를 다루는 건강보험만큼은 담보위험은 생명과 밀접하고 보험금 지급은 실손보상으로 이루어지는 특징을 고려하여, 제3보험이라는 이름 아래 생명보험회사와 손해보험회사가 같이 취급할 수 있도록 하고 있다.

한편, 우리나라 손해보험회사는 특별히 장기손해보험이란 저축성 보험을 취급하고 있다. 저축성 보험이란 만기환급금이 납입보험료보다 많은 상품으로, 그만큼 이자가 붙기 위해 수년에 걸친 계약기간을 요구한다. 그러다보니 생명보험회사들은, 계약의 장기성이 생명보험의 성격을 띠고 있어 자신의 영역이 침해받고 있다며 불만이 많다. 학계에서는 손해보험회사들이 손쉬운 저축성보험에 몰두하다보니 본연의 영역인 화재보험이나 배상책임보험과 같은 보장성보험을 소홀히 함으로써 국가의 사회안전망 역할이 취약해진다고 비판하고 있다.
하지만 저축성보험은 보험을 은행의 적금에 끼워 판 셈이다. 그것도 판매된 지 50년이 넘은 다 큰 녀석을 놓고 생손보끼리 내 것 네 것 다투는 것은 큰 의미가 없다.[89] 다만, 손해보험 본연의 역할이 소홀해지고 있다는 지적은 타당하다. 인공위성을 띄울 때 손해보험회사들이 보험회사가 아닌 중개역할밖에 못한 이유를 여기에서도 찾을 수 있다.

현재, 우리나라 손해보험산업의 매출의 70% 가까이는 장기손해보험에서 이루어지고 있으며, 이 가운데 대부분은 질병이나 상해를 담보로 한다. 이러다보니 우리나라에는 손해보험회사는 없고 생손보를 같이 취급하는 종합보험회사가 있는 셈이다. 게다가 자동차보험의 만성적자는 대개 덩치가 큰 장기손해보험에서 메워지고 있다.
따라서 손해보험회사로부터 질병상해를 다루는 제3보험 부분을 떼어내어 별도의 건강보험회사에서 취급토록 하는 것이 보험산업의 경쟁력 강화를 위해 좋을 것이다. 필요에 따라서 생명보험회사도 그렇게 할 수 있는데, 이는 보험지주회사나 보험그룹의 출현을 의미한다.
하지만 우리나라의 경우 대형보험회사들이 재벌에 속해 있다 보니 금산분리 원칙에 묶여 은행을 소유할 수 없는 까닭에, 네덜란드의 ING와 같은 세계적인 보험그룹의 출연이 어려운 상황이다. 물론 은행 없이 보험회사만의 금융그룹이 출범할 수 있을지는 몰라도 은행 중심의 금융그룹 대비 경쟁력에서는 크게 손해를 볼 것이다.

언제가 우리 보험산업이 보다 투명한 경영과 정직한 영업으로 소비자의 신뢰를 얻어, 구태의연한 재벌 논리를 탈피하고 은행까지 아우르는 글로벌 보험그룹을 배출하기를 기대해본다.

맺음말

이 책을 쓰기 시작한 지 2년이 지나서야 탈고했다. 보험학회에 제출할 저술 제안서를 쓸 당시에는 나의 능력과 지식이 이리 짧을 줄 미처 생각하지 못했다. 예로부터 사서 고생한다고 했다. 조금씩 모아놓은 자료가 있었지만, 막상 쓰려고 하니 여러모로 새로운 정보가 필요했다.
웹서핑과 아마존닷컴에서 영화CD 구입이나 전문가들의 의견을 구하는 수고를 마다하지 않았다. 보험통계를 소개하려고 아마존닷컴으로 주문했던 〈Statistics〉란 영화는 그야말로 B급도 안 되는 실망 그 자체였기에 국내 몇 안 되는 소장자 중 하나일 것이란 위안만 얻었다.
일반인이 이해할 수 있도록 글을 짧고 쉽게 쓰는 일이 얼마나 어려운지 모른다. 세간의 흥미를 얻기 위해 영화라는 밑밥을 던졌지만, 독자들이 원하는 세련된 글발이 쉽게 갖추어지겠는가. 원래 나는 초반에 절반 쯤 원고를 채워놓고는 2014년 여름부터 시작하는 안식년을 이용하여 완성할 요량으로, 상당 기간 이 원고를 잊고 있었다.
그러나 그 계획은 분에 넘치는 학장직을 맡는 바람에 틀어져버렸다. 이리저리 미루던 중 더 이상 방치했다가는 보험학회에 누가 되겠다는 생각에 2015년 새해를 전후로 밤낮을 새우며 겨우 끝을 맺었다. 그런 이유로 당초 계획했던 것에 미치지 못하는 책이 나오게 되어 매우 아쉽다.

나는 이 책에서 '이념화된 보험'이란 장을 만들어 놓고 지난 10년간 건강보험을 둘러싼 사회주의자와 시장주의자 사이에 벌어진 갈등을 다룰 생각이었다. 공영 대 민영으로 이념 싸움으로 변한 건강보험의 논란을 다루고, 사회 연대와 시장의 형평성이 어떻게 조화를 이룰 수 있는지를 모색하고자 했다.

우연한 기회에 민영보험 무용론을 펼친 학자들과 건강보험 연구에 참여한 경험도 있어, 어느 한 쪽의 이야기만을 할 생각은 없었다. 하지만 점점 국민건강보험은 선이고 보험회사의 건강보험은 악인 것처럼 외치는 이분법적 주장에 넌더리가 나기 시작했다. 물론 보험회사의 건강보험상품에 대해 신랄한 비판도 잊지 않을 예정이었다.

이 점에서 참여정부 시절 건강보험 정책에 결정적인 방향전환 계기를 가져왔던 〈식코Sicko〉(2007)와 그 이전에 미국의 건강보험제도의 문제점을 꼬집은 〈존 큐John Q〉(2002)는 많은 이야깃거리를 제공한다.

그러나 시간적 여유나 체력도 고갈되고, 무엇보다도 정신건강을 위해 이념 싸움에 끼어들지 않는 것이 좋겠다는 생각에 이 작업은 접었다. 다음 기회에 내공을 쌓아 도전해보려고 한다.

보험의 역사에는 타인의 생명을 경시하는 도박보험, 역사상 가장 믿지 못할 금융제도로 꼽히는 톤틴, 노예를 상품으로 여긴 해상보험 등, 어두운 면도 적지 않다. 그러나 인류의 많은 제도가 그러했듯이 보험도 실수와 오류를 극복해가며 오늘날의 모습을 갖추었다.

사회학자인 노명우 교수는 『세상물정의 사회학』에서 “상식과 상식이 서로 견제할 때 몰상식이 생겨나지 않는다. 하나의 상식만이 존재하는 사회가 비상식적인 사건을 낳을 뿐이다"라고 말한다.[90] 이제껏 보험에서 여러 가지 상식들이 서로를 제대로 견제해왔는지 자신 있게 말하기 어렵다. 굳이 집어내자면 이제껏 보험소비자의 상식은 가볍게 다루어졌다고 볼 수밖에 없다.

보험회사의 상식, 보험소비자의 상식, 보험모집인의 상식, 정책감독자의 상식 등을 포함한 보험을 둘러싼 여러 이해관계자의 상식들의 상호 견제 속에서 보험제도는 발전해야 한다.

보험을 연구하는 학자로서 영화에서 보험을 다룬 곳을 집어내다 보니, 본의 아니게 보험회사가 잘못한 부분을 자꾸 언급하게 되었다. 보험사기가 어찌 보험회사만의 탓이겠는가. 소비자보호라는 명분 뒤에 숨은 블랙컨슈머 문제도 적지 않다.

보험을 둘러싼 이해관계자 모두 보험제도의 발전을 위해 노력해야 한다는 믿음은 이번 저술을 통해 더욱 굳어졌다. 그리고 어찌하다 보니 좋든 싫든 삼성생명과 푸르덴셜생명보험이 자주 거론되었다. 이 두 회사가 국내 최대 보험회사와 미국 최대 보험회사인 만큼 눈에 자주 밟힌 탓이 아닌가 싶다. 이에 양해를 구한다.

끝으로 지금도 묵묵히 맡은 임무를 열심히 수행하는 보험산업 종사자 모두에게 감사드린다. 또한 지금의 보험소비자와 미래의 보험인이 될 젊은 세대에게 이 책이 작으나마 도움이 된다면 더 바랄 게 없다.

참고 문헌

경향신문, 「최경환, 차보험료 할증기준액 인상해야」, 2008.8.17.

권홍우, 「기승부리는 보험범죄 1조 원이 샌다」, 신동아 99-5월호, 1999.

김용우, 「보험업계의 민원발생원인 분석 및 개선방안, 2013년 금융분쟁 접수 및 처리 현황」, 금융감독원, 2013.

김재현, 「보험회사의 보험사기 대응 전략을 위한 소고」, 인권과 정의 제447호, 2015.

김재현, 김헌수, 「자동차보험 경미사고 모럴해저드: 분석과 대안」, 2010년 한국보험학회 정책세미나 발표자료, 2010.

김헌수, 김재현, 김기덕, 『보험, 연대를 말하다』, 이프레스, 2013.

김헌수, 김재현, 「자동차보험 대인배상 경추염좌 피해자의 치료비 특성 연구」, 리스크관리연구, 2011.

김형기, 「미국 일본에 있어 생명보험전매 추세 및 규제 현황」, 보험학회지 제80집, pp.1~36, 2008.

노명우, 『세상물정의 사회학, 세속을 산다는 것에 대하여』, 사계절, 2013.

마이클 샌델, 『돈으로 살 수 없는 것들』, 안기순 역, 와이즈베리, 2012.

민명욱, 「보험사기의 진화」, 네이버 캐스트, 그 시절 그 이야기.

박경서, 김재현, 『장기손해보험의 건전한 발전을 위한 제도개선 방향』, 손해보험협회, 2008.

박상범, 「거대보험과 재보험 인공위성 보험을 중심으로」, 한국항공대학교, 2011년

박철용, 안철경, 「보험사기 성향 및 규모 추정」, 보험개발원 연구보고서, 99-6. 1999.

보험개발원, 「자동차 추돌사고로 인한 목상해 발생위험 분석 결과」, 2013.8.

보험미래포럼, 『건강보험의 진화와 미래』, 21세기북스, 2012.

생명보험협회, 『생명보험협회 60년사』, 2010.

손건익, 「의료전달체계의 개선의 필요성과 추진 방향」, 보건사회연구원, 2010.

수도권종합뉴스, 「인천 무보험 차량 7대 도시 중 가장 높아」, 2009.9.24.

수전 핀커, 『성의 패러독스』, 하정희 옮김, 숲속여우비, 2011.

연합뉴스, 「세월호 부실점검 해운조합 운항관리자 3명 집유」, 2014.10.20.

연합뉴스, 「법 도덕 실종을 보여준 태백 보험사기」, 2011.11.9.

에두아르도 포터, 손민중, 김홍래 역, 『모든 것의 가격』, pp. 90~91, 김영사, 2011.

의협신문, 「요류역학검사 의학적 타당성 다시 따져보자」, 2014.8.9.
이경룡, 김사영, 「생명보험의 자살 면 부책조항의 문제점과 개선방안에 관한 연구」, 보험학회지 제 78집, pp.35~70, 2007.
이데일리 뉴스, 「만연한 보험사고, 국민의식 전환 시급」, 2013.4.22.
정시욱, 「흉터 없는 요실금 테이프 선봬」, 헬스조선, 2007.6.29.
주경철, 『대항해 시대』, 서울대학교 출판문화원, 2008.
최덕상, 신성진, 『자본시장통합법 시대, 금융빅뱅과 GA의 비밀노트』, 새로운 제안, 2009.
최장집, 「세월호 사건을 통해 본 책임의 사회적 조건-열린 연단: 문화의 안과 밖」, 네이버케스트.
토머스 조이너, 김재성 역, 『왜 사람들은 자살하는가?』, 황소자리, 2014.
프레시안, 「봉준호 감독이 기다린 27년의 세월」, 201.2.9.
한지숙, 「일 고령화에 신정 모찌 질식사 급증」, 헤럴드경제, 2015. 1. 5.
해양안전심판원 특별조사부, 「여객선 세월호 전복사고 특별조사 보고서」, 2014.12.29.
American Film Institute, "AFI Crowns Top 10 Films in 10 Classic Genres, 2008.
Asia Times Online, "After the World Trade Center, Teisei tumbles down", 2001.11.24.
Berger, Allen N. David J. Cummins, and Mary A. Weiss. "The Coexistence of Multiple Distribution Systems for Financial Services: The Case of Property-Liability insurance". Journal of Business 70. 1997. 515-546.
Business Archives, "What Does Prudential Really Owe?", Bloomberg Businessweek, Feb, 01, 1998.
Elizabeth, Weintraub, "Buying Flood Insurance", About.com
Evans Robert, G., "Supplier-induced demand: Some empirical evidence and Implication", The Economics of Health and Medical Care, edited by Perlman M., MacMilan, pp. 162~173, 1974.
Ferrari, Robert, The Whiplash Encyclopedia, 2nd ed. Jones and Bartlett Publisher, 2005.
Ingram, Bruce, "'Oldboy': Spike Lee's vengeful, respectful homage to a cult favorite", Chicago Sun-Times.
Heinrich Braun, 『생명보험사』, 류성경, 신동호 역, 생명보험사회공헌위원회, 2010.
John Paul Rossi and Samuel P. Black, Jr. Entrepreneurship and Innovation in Automobile

Insurance, Routledge, 2001.
Justice Story, "The Durable Mike Malloy", Newyork Daily News, 2007. 10. 14.
KBS 뉴스, 2012.5.17.
Lankford, Kimberly, "Nightmare on Main Street", Kiplinger's Personal Finance Magazine, May, 2000.
McKeever, Kent, "A Short History of Tontines", Fordham Journal of Corporate and Financial Law, Vol 15, Issue 2, pp.491~521, 2009.
OECD, The Space Economy at a Glance 2011, 2011.
Peters, Jeremy, "The Birth of 'Just Do It' and Other Magic Words", NewYork Times, 2009. 8. 20.
Pfister, Ch.: Die Geburt der Schweiz aus der Katastrophe (pdf), Tages-Anzeiger, January 18, 2005.
Rice T., "The impact of Changing Medicare Reimbursement Rates on Physician-induced Demand", Medical Care, Vol. 21, No. 8 pp. 803~816, 1983.
Wagner, Jack, "Short Biography of George Surdez", 2011.
WOW한국경제TV, 「생명보험 전매제도 진실 공방」, 2010.9.13.
http://heidelbergpa.tripod.com
http://lif.or.kr
http://www.nasa.gov, http://hubblesite.org
www.agcs.allianz.com
www.iMBd.com
www.iseverance.com/healthinfo
www.nydailynew.com

미주

1) http://www.nasa.gov, http://hubblesite.org
2) 최초의 우주왕복선인 엔터프라이즈호는 시험용으로서 우주비행이 불가능하다.
3) 우주인이 군인의 신분이라면 그에 맞는 생명보험 프로그램이 있을 것이며, 이전에 생명보험에 가입한 민간인이라면 자신이 가입한 생명보험회사에 우주인 프로그램에 참여한다는 사실을 통보해야 할지 모른다. 나는 희생된 민간 우주인의 생명보험이 어떻게 처리되었는지는 조사하지 않았다.
4) OECD, "The Space Economy at a Glance 2011", 2011년 보고서에서 인용하였다.
5) 박상범, 「거대보험과 재보험 인공위성 보험을 중심으로」, 한국항공대학교, 2011년 저서의 236쪽의 내용을 인용하였다.
6) 내가 2005년 미국 유타에서 열렸던 세계보험학회에서 들었던 발표에서 기억해냈다.
7) 그렇다고 모든 손해보험회사가 홍수보험을 취급해야 하는 것은 아니다. 소개한 사례는 1990년 중반 플로리다 주에서 발생했다. 당시 미국 최대 손해보험회사인 스테이트팜(State Farm)이 플로리다에서 홍수보험을 중단하려고 하자 주 정부가 자동차보험 영업도 취소시키겠다고 위협한 적이 있었다.
8) 주민들은 20달러의 수수료만 내면 보험대리점이나 온라인을 통해 자신이 살 집의 과거 5년 동안 화재, 홍수 등의 손실 기록(Comprehensive Loss Underwriting Exchange)을 조회할 수 있다. 우리나라에서는 중고자동차에 대한 사고이력을 보험개발원의 온라인으로 조회하는 수준에 머무르고 있다.
9) http://heidelbergpa.tripod.com
10) Elizabeth Weintraub, "Buying Flood Insurance", About.com
11) 박근혜 정부에서는 안행부를 중심으로 정부 부처 합동으로 '생활안전지도' 시스템을 구축하고 있다.
12) 차상위층이나 기초생활수급자에 대해서는 각각 76%와 86%를 정부에서 보조한다.
13) Pfister, Ch.: Die Geburt der Schweiz aus der Katastrophe (pdf), Tages-Anzeiger, January 18, 2005(German).
14) Berger, Allen N. David J. Cummins, and Mary A. Weiss. "The Coexistence of Multiple Distribution Systems for Financial Services: The Case of Property-Liability insurance".

Journal of Business 70. 1997. pp.515–546.

15) 경험생명표는 보험회사의 보험가입자의 사망경험치를 근거로 작성한다. 경험생명표는 일정 시점을 기준으로 각 연령별, 성별 등 개인특서에 따른 향후 사망확률을 1년 단위로 나타낸다. 경험생명표는 생명보험회사의 보험료 산정의 주요 재료로서 각 회사의 영업비밀인 셈이다. 한편 보험회사와 감독기관의 참고용으로 보험개발원에서 경험생명표를 생산하고 있는데, 2015년 3월 현재 제8회 경험생명표가 사용되고 있다.

16) 실제로 넬슨 제독은 1758년 노폭의 버넘에서 출생했다.

17) 주경철, 『대항해 시대』, 서울대학교 출판문화원, 2008.

18) 내가 순천향대학교 김헌수 교수와 김기덕 교수와 공저한 『보험, 연대를 말하다』, 이프레스, 2013에서 인용하였다.

19) Heinrich Braun, 앞의 책, p.70.

20) 톤틴에 대한 내용은 Wikepedia에서 찾은 Burton J. Hedrick이 1096년 McClure's Magazine에 기고한 "The Great Tontine Gamble", Heinrich Braun의 생명보험사, 그리고 컬럼비아대학의 법대도서관장인 Kent McKeever의 논문에서 얻었다.

21) 그는 기체역학에 관한 이론을 정리한 다니엘 베르누이의 아버지다. 베르누이 가문은 위대한 수학자들을 배출해서 한때 스위스의 바젤대학의 수학과 교수직을 대대로 이어받았다.

22) www.iMBd.com

23) 시카고 썬-타임즈 지, Bruce Ingram, "'Oldboy': Spike Lee's vengeful, respectful homage to a cult favorite"에서 찾았다.

24) 지급여력비율(solvency ratio)란 감독당국이 정한 지급여력기준 대비 몇 %의 지급여력을 지니고 있는지를 나타내는 비율로서, 수치가 높을수록 보험회사의 재무상태가 튼튼하다. 지급여력은 보험회사가 인수한 위험을 고려하여 감독자가 정한 방법에 따라 계산된다.

25) Asia Times Online, "After the World Trade Center, Teisei tumbles down", 2001.11.24.

26) 에두아르도 포터, 손민중, 김홍래 역, 『모든 것의 가격』, pp.90~91, 김영사, 2011.

27) 마이클 샌델, 『돈으로 살 수 없는 것들』, 안기순 역, p.22, 와이즈베리, 2012.

28) Viatical은 여로의 준비, 임종의 만찬이란 뜻을 가진 라틴어 viaticum에서 유래된다. 고령자에 대한 생명보험 전매제도는 Life Settlement로 불린다.

29) 이 제도에 대한 자세한 설명은 대부분 김형기, 「미국 · 일본에 있어 생명보험전매 추세 및 규제현황」, 보험학회지 제80집, pp.1~36(2008)를 참고하였다.

30) Heinrich Braun 저, 『생명보험사』, 류성경, 신동호 역, 생명보험사회공헌위원회, 71쪽의 내용을 인용하였다.

31) WOW한국경제TV, 「생명보험 전매제도 진실공방」, 2010.9.13.

32) 프레시안, 「봉준호 감독이 기다린 27년의 세월」, 201.2.9.

33) 러시안룰렛의 기원은 20세기 초 미국의 소설가인 조지 서데즈(George Surdez, 1900~1949)가 같은 이름의 단편 소설에서 상상으로 창조한 게임에서 비롯된 것으로 알려져 있다. 이 내용은 Wagner, Jack, "Short Biography of George Surdez"(2011)에 있으나 직접 읽지는 못했고, 구글에서 검색했을 뿐이다.

34) John Paul Rossi and Samuel P. Black, Jr. "Entrepreneurship and Innovation in Automobile Insurance", Routledge, 2001.

35) 수도권종합뉴스, 「인천 무보험 차량 7대 도시 중 가장 높아」, 2009.9.24.

36) American Film Institute, "AFI Crowns Top 10 Films in 10 Classic Genres", 2008.

37) 대리점이 보험회사와 독립적으로 판매할 수 있게 된 것도 1993년부터이며, 설계사도 지금은 생명보험설계사는 하나의 손해보험회사, 손해보험 설계사는 하나의 생명보험회사의 상품을 교차 판매할 수 있다.

38) 1962년 국민저축조합법의 제정을 통해 저축성보험의 길이 열려 생명보험회사들이 참여하였고, 그 뒤를 손해보험회사들이 따른다. 현재 손해보험회사의 주력 상품인 장기손해보험의 태동이 바로 국민저축조합법이다.

39) 크림 스키밍이란 기업이 이익을 많이 얻을 수 있는 고객층을 확보하는 행동으로서, 낙농업에서 원유를 가공할 때 위에 뜨는 가장 맛있는 크림을 걷어 가는 일에 비유하였다.

40) 최덕상, 신성진, 『자본시장통합법 시대, 금융빅뱅과 GA의 비밀노트』, 새로운 제안, 2009.

41) "Nightmare on Main Street", Kiplinger's Personal Finance Magazine(May, 2000)와 "What Does Prudential Really Owe?", Bloomberg Businessweek(Feb, 01, 1998)를 인용하였다.

42 회전판매는 일반적으로 증권 거래 중개인이 수수료를 목적으로 불필요한 매매를 지나치게 많이 하는 경우를 의미한다.

43) 1999년 8월 21일자 매일경제는, 미국의 메트라이프도 보험불완전 판매로 인해 가입자에게 17억 달러 상당의 보상금을 지급하기로 합의한 것으로 보도하고 있다.

44) 보험회사는 종종 소비자를 유인하기 위한 전략을 활용하는데, 그중 하나가 발생 가능성이 매우 희박한 보험사고를 포함시키고 그 경우 두 배로 보상하는 것이다. 다만, '이중보상'은 보험금을 중복으로 지급한다는 뉘앙스를 가지고 있어 적절하지 않은 번역이다. 중복보상이란 복수의 보험계약에서 동일한 보험사고에 대해 각각 보험금을 지급하여 실제 손해액보다 많이 지급하는 경우를 말한다. 따라서 내가 생각하기에는 '이중보상'이 아닌 '배액보상'이 적절한 번역이다.

45) 바바라 스탠위크(1907~1990)는 우리에게는 잘 알려지지 않았지만 아카데미 여우주연상 후보로 4번 올랐고, 1982년 아카데미로부터 명예상을 받은 명배우다.

46) Wikipedia에서 Marling, Willam, "Hard-Boiled Fiction", Case Western Reserve University로 찾았으나 자료에 접근하지는 못했다.

47) 아래 내용은 2007년 10. 14일자 Newyork Daily News에 실린 "The Durable Mike Malloy"를 의역한 것이다.

48) NewYork Times, "The Birth of 'Just Do It' and Other Magic Words", 2009. 8. 19.

49) 헤럴드경제 2015년 1월 5일자 기사, 「일 고령화에 신정 모찌 질식사 급증」.

50) 민명욱, 「보험사기의 진화」, 네이버 캐스트, 그 시절 그 이야기.

51) 생명보험협회, 『생명보험협회 60년사』, 2010. 이후 1997년까지 총 15개의 외국계 생명보험회사들이 국내에 진출한다.

52) T시와 S시에 관련한 내용은 권홍우, 「기승부리는 보험범죄 1조 원이 샌다」, 신동아(99-5월호, 1999)를 참조하였다.

53) 1998년 추정치는 박철용, 안철경, 「보험사기 성향 및 규모 추정」, 보험개발원 연구보고서(99-6. 1999)에서 인용하였고, 이후의 추정치는 이데일리 뉴스(2013.4.22.), 「만연한 보험사고, 국민의식 전환 시급」에서 발췌하였다.

54) 저축성보험의 보험금 환급금은 보험회사가 적립한 금액에 분리하여 돌려주는 금액이므로 보험사기의 타깃이 되기 어렵다. 나는 2015년에 발표한 「보험회사의 보험사기 대응 전략을 위한 소고」에서 저축성보험 환급금을 제외하면 우리나라 보험사기 규모는 지급보험금의 13.9%에 이를 것으로 추정하였다.

55) 연합뉴스, 「법 도덕 실종을 보여준 태백 보험사기」, 2011.11.9. 이 사건은 2012년 경남에서 주민 1300여 명이 연루된 동일한 수법의 보험사기가 적발됨으로써 제2위로 밀린다(KBS 뉴스, 2012.5.17).

56) 「최경환, 차보험료 할증기준액 인상해야」, 경향신문, 2008.8.17.

57) 자기부담금은 보험에서는 공제(deductibles)라고 부르는데, 보험회사가 소액사고를 보험계약자 스스로 부담하도록 해서 업무 비용도 줄이고 보험계약자로 하여금 주의의 노력을 기울이도록 유도하면서, 대신 보험료를 줄여주는 제도다.

58) 보험개발원, 「자동차 추돌사고로 인한 목상해 발생위험 분석 결과」, 2013.8

59) Rice T., "The impact of Changing Medicare Reimbursement Rates on Physician-induced Demand", Medical Care, Vol. 21, No. 8 (1983): 803~816

60) Evans Robert, G., "Supplier-induced demand: Some empirical evidence and Implication", The Economics of Health and Medical Care, edited by Perlman M., MacMilan, (1974): 162~173.

61) 손건익, 「의료전달체계의 개선의 필요성과 추진방향」, 보건사회연구원, 2010.

62) 김헌수, 김재현, 「자동차보험 대인배상 경추염좌 피해자의 치료비 특성 연구」, 리스크관리연구, 2011.

63) i세브란스(www.iseverance.com/healthinfo)

64) Ferrari, Robert의 *The Whiplash Encyclopedia*의 내용 중 일부를 옮겼다.

65) 나는 양자가 무관하다는 근거를 KBS 2TV, 비타민 도서에서 발견하였다. 나는 대한의사협회 등 공식적인 전문가 기관의 의견이 있는 것으로 알고 있으나 확인하지는 못하였다. 다만 웹사이트 조사 중 많은 병의원이 양쪽이 관련이 있는 것처럼 광고하는 것을 발견하였다.

66) 패드테스트란 색소가 있는 물을 마시게 한 후 기침을 하거나 걷도록 해 패드에 새는지를 확인하는 방법이며, 요류역학 검사는 도뇨관을 삽입하여 요도압력 등을 테스트 하는 방법이다.

67) 의료계에서는 패드테스트는 저렴하나 요류역학 검사는 검사 비용이 17만 원이 소요되어 오히려 국민건강보험의 재정을 악화시킨다고 주장하고 있다.

68) 의협신문, 「요류역학 검사 의학적 타당성 다시 따져보자」, 2014.8.9.일자 기사를 인용하였다.

69) 현재 보험업법은 중복계약 체결확인의 의무를 보험회사와 보험모집인에게 부여하고 있다. 그 내

용은 실손의료보험 보험청약자의 동의를 얻어 동일한 위험을 보장하는 보험계약을 체결하고 있는지 확인하고, 만약 그렇다면, 보험금이 실손 범위를 넘지 않게끔 계약된 보험회사끼리 분담한다고 안내하도록 규정하고 있다.

70) 김헌수, 김재현, 앞의 책, 2011.

71) 수전 핀커, Susan Pinker, 『성의 패러독스(The Sexual Paradox)』, 하정희 옮김, 숲속여우비, 2011.

72) 이대로를 연기한 김범수의 체중은 67kg으로 네이버에서 검색되었다.

73) 이경룡, 김사영, 「생명보험의 자살 면 부책조항의 문제점과 개선방안에 관한 연구」, 보험학회지 제 78집, pp.35~70, 2007.

74) 토머스 조이너, 김재성 역, 『왜 사람들은 자살하는가?』, 황소자리, 2014.

75) 국가의 자살률은 10만 명당 몇 명으로 따지는데, 보험회사의 자살률은 생명보험가입 후 자살자 수를 가입 후 사망자 수로 나눈 것이라서 개념이 약간 다르다.

76) 해양안전심판원 특별조사부, 「여객선 세월호 전복사고 특별조사 보고서」, 2014.12.29.

77) 최장집, 「세월호 사건을 통해 본 책임의 사회적 조건-열린 연단: 문화의 안과 밖」, 네이버캐스트

78) 연합뉴스, 「세월호 부실점검 해운조합 운항관리자 3명 집유」, 2014.10.20.

79) 일반적으로 썩은 사과 효과는 썩은 사과 몇 개가 상자 안의 모든 사과를 썩게 하는 모습을 빌려 소수의 잘못이 전체에 부정적인 영향을 미치는 현상을 의미한다.

80) 손해율이 높은 자동차운전자는 어느 보험회사도 인수하기를 꺼려하므로 공동으로 인수한다. 손해보험협회에서 관리하는 이 제도는 일반 가입자에 비해 소정의 할증률을 적용하고 자동차보험을 제공하며, 그 안에서 손해보험회사들이 매출에 비례하여 나누어 정산한다. 보통 2만 대 안팎의 자동차들이 공동인수의 적용을 받는다.

81) 시카고 대학 경제학과 샘 펠츠만(Sam Feltsman) 교수는 자동차가 기술 발달로 더욱 안전해지면 사람들이 과속을 해서 오히려 사고와 사망자 수가 더 늘어난다는 주장을 편다. 이를 펠츠만 효과(Feltsman effect)라 한다.

82) 데빗(Debit, 차변, 借邊)이란 명칭은 모집인 담당하는 지역은 회사의 소유이며, 담당자는 그 지역 안에서 수금과 집금의 책임이 있다는 뜻에서 생겼다. 이 내용은 생명보험협회에서 발간한 『생명보험협회 60년사』 74쪽에 있다.

83) 금융감독원은 150%를 권고하고 있다.

84) 김용우, 「보험업계의 민원발생 원인 분석 및 개선 방안, 2013년 금융분쟁 접수 및 처리 현황」, 금융감독원, 2013.

85) 지금은 보험업법에서 보험회사 자산이 동일 계열사에 투자되는 것을 매우 엄격하게 규제하고 있다.

86) 두산백과사전.

87) 2012년작 〈OMG Oh My God〉이란 영화다.

88) 1997년 닛산생명을 시작으로, 1999년 도호생명, 2000년 다이하쿠생명, 다이쇼생명, 쿄에이생명, 치요다생명, 2001년 도쿄생명 등 6개 생보사가 파산하였다.

89) 이에 대해 필자가 고려대 박경서 교수와 수행한 『장기손해보험의 건전한 발전을 위한 제도 개선 방향』에서 자세하게 설명하고 있다. 일반에게는 알려지지 않았으나, 장기손해보험은 생손보가 오랜 세월 첨예하게 대립하고 있는 영역이다.

90) 아주대학교 사회학과 노명우 교수의 『세상물정의 사회학』 26쪽의 문구를 인용하였다.